DERNIERS TITRES PARUS

QU'EST-CE QUE
LE TRANSHUMANISME ?

CHEMINS PHILOSOPHIQUES

Collection dirigée par Magali BESSONE et Roger POUIVET

Alain **GALLERAND**

QU'EST-CE QUE
LE TRANSHUMANISME ?

PARIS

LIBRAIRIE PHILOSOPHIQUE J. VRIN

6 place de la Sorbonne, V^e

2021

© *Librairie Philosophique J. VRIN*, 2021
Imprimé en France
ISSN 1762-7184
ISBN 978-2-7116-2996-1
www.vrin.fr

INTRODUCTION

Les nouvelles technologies, souvent désignées sous le sigle NBIC (nanotechnologies, biotechnologies, technologies de l'information, sciences cognitives), nous donnent aujourd'hui les moyens d'améliorer nos capacités physiques, mentales et émotionnelles par l'adjonction ou l'incorporation d'artefacts : prothèses robotisées, exosquelettes, implants (cérébraux ou puces sous-cutanées), neuromédicaments… Aussi la tentation est-elle grande, dans les milieux institutionnels publics (centres de recherches scientifiques, NASA, DARPA) et privés (GAFAM [1]), d'utiliser cette technologie, jusque-là réservée au soin et à la réparation de l'homme malade ou déficient, pour augmenter les performances de l'homme sain. Cette ambition paraît d'autant plus légitime qu'elle répond aux aspirations immémoriales de l'humanité profondément ancrées en chacun de nous. Qui n'aimerait pas vivre plus longtemps, en meilleure santé, en jouissant d'une apparence physique agréable, d'un contrôle émotionnel et de capacités physiques et intellectuelles optimales ? Pourquoi devrait-on se passer des outils technologiques qui nous permettent de vivre mieux et,

---

1. GAFAM est l'acronyme des géants du Web : Google, Apple, Facebook, Amazon et Microsoft.

selon la formule consacrée, d'être « mieux que bien » [1] ? L'espèce humaine, insatisfaite de sa condition, n'a-t-elle pas toujours tenté de repousser les limites naturelles ? Et depuis l'antiquité les morales ne prônent-elles pas toutes l'amélioration personnelle comme idéal de vie ? Maintenant que l'augmentation des facultés humaines devient techniquement possible, il semblerait absurde et inconséquent de renoncer aux ressources technologiques et d'en limiter les applications au domaine thérapeutique.

Bien qu'il soit animé des meilleures intentions et qu'il ravive de nombreux espoirs chez ceux qui souffrent des limites que la nature leur a imposées, le projet d'amélioration humaine soulève cependant de nombreuses questions et de vives inquiétudes. Le décryptage du génome humain, dans lequel certains voient la possibilité pour l'humanité de passer d'un destin biologique aléatoire subi à une évolution maîtrisée et choisie, n'ouvre-t-il pas la voie à un nouvel eugénisme dont l'histoire nous avait montré les dérives ? Et que penser de cet homme augmenté qui aurait le pouvoir de modifier son propre corps, lui qui se contentait jusque-là d'en améliorer superficiellement l'apparence extérieure et d'en réparer partiellement certaines fonctions ? Car ce qui est ici en jeu, c'est non seulement la capacité à disposer librement de son corps, mais paradoxalement aussi le pouvoir de décider de la configuration du corps d'autrui en intervenant dans le génome des cellules germinales fécondées. Et la question, désormais, ne porte

---

1. *Better than well.* Cette formule, inventée par P. D. Kramer avec *Prozac : le bonheur sur ordonnance ?*, Paris, Éditions Générales First, 1994, a été popularisée par C. Elliott, voir *Better than well*, New York-London, W. W. Norton & Company, 2003 et *Prozac as a way of life*, The University of North Carolina Press, 2004.

plus seulement sur des pratiques telles que le suicide ou l'avortement, qui peuvent encore heurter certaines sensibilités, mais sur la légitimité d'une reconfiguration matérielle du corps humain, avant ou après la naissance, par des procédés invasifs. La liberté de modifier le corps humain – celui que la nature nous a donné ou celui que nous voudrions donner à nos enfants – en vue d'en améliorer les performances, est-elle absolue, ou du moins à la mesure des progrès technoscientifiques ? Ou bien se heurte-t-elle à des limites naturelles et des interdits sociaux ? L'usage des technologies de transformation matérielle relève-t-il d'un droit humain fondamental, celui de disposer librement de soi-même ? Ou bien s'agit-il d'un projet prométhéen démesuré, à la fois impossible au regard des lois de la nature et illégitime relativement à la dignité humaine ?

Dans ce débat passionné sur l'auto-transformation de l'homme et l'avenir de l'espèce humaine, trois tendances se dessinent. Le courant transhumaniste, dont Condorcet a été un précurseur en appelant de ses vœux une transformation *matérielle* de l'homme, est favorable à la prise en main de notre destin biologique au moyen des technologies les plus avancées. Ce qui est techniquement possible peut se faire et doit se faire, à partir du moment où l'individu considère que cela favorise son épanouissement personnel et son insertion sociale. Il n'y a aucune raison de continuer à vivre notre hérédité comme une fatalité, maintenant que nous connaissons les lois de l'hérédité et de l'évolution naturelle et que nous pouvons intervenir pour éliminer les facteurs indésirables et apporter les qualités désirables. Plus modéré, le courant libéral tolère cette auto-transformation technologique, au nom de la liberté individuelle et dans la limite du principe de non-nuisance, sans pour autant en faire un nouveau *credo* pour l'humanité. En revanche, parce qu'ils se méfient des avancées technologiques accusées d'éloigner l'homme de ses origines naturelles ou divines, les bioconservateurs sont farouchement hostiles à l'auto-transformation de l'homme. Toute immixtion dans un ordre naturel intrinsèquement bon ou rattaché à une volonté divine bienveillante, est nécessairement un bouleversement nuisible et illégitime. Le vivant en général et le corps humain en particulier sont des données naturelles sacrées qui exigent un respect absolu. C'est à ce dernier courant que se rattache le philosophe américain Michael J. Sandel quand il s'inquiète des incidences métaphysiques d'une reconfiguration de l'homme par l'homme.

Les espoirs et les craintes que fait naître l'ambitieux projet transhumaniste sont si grands et si contradictoires qu'ils appellent une évaluation morale. À cette fin, dans une société pluraliste marquée par la diversité des conceptions de la vie bonne, le critère minimaliste libéral, fondé sur les principes de liberté individuelle et de non-nuisance, nous parait le mieux adapté, en raison de sa simplicité, de son caractère consensuel et de sa neutralité métaphysique, pour juger de ce qui est « bon » et « mauvais » et, en l'occurrence, pour évaluer la légitimité ou la dangerosité d'une transformation technologique de l'homme. Au terme d'un cheminement à travers les positions transhumaniste [1] et bioconservatrice [2], précédé d'un rappel historique sur le projet d'anthropotechnie [3],

---

1. *Cf.* p. 21 *sq.* et p. 47 *sq.* ; Texte 1, « La perfectibilité humaine », p. 73 *sq.*
2. *Cf.* p. 29 *sq.* ; Texte 2, « L'eugénisme libéral », p. 93 *sq.*
3. *Cf.* p. 11 *sq.*

le critère libéral, à partir d'une distinction entre les transformations consenties appliquées à soi et les transformations imposées à autrui, nous permettra d'aboutir à une position médiane, à mi-chemin du libéralisme le plus débridé et du conservatisme le plus rigide, quant à la légitimité d'une auto-transformation matérielle de l'homme.

L'AUTO-TRANSFORMATION DE L'HOMME :
SES RAISONS ET SES MOYENS

Le projet d'amélioration est consubstantiel à l'humanité [1] : les êtres humains ont toujours voulu se transformer et le mouvement transhumaniste est le dernier avatar de cette aspiration immémoriale au perfectionnement. Pourquoi les hommes ne se contentent-ils pas de ce qu'ils ont reçu à la naissance et n'acceptent-ils pas le sort que la nature leur réserve ? De quels moyens disposent-ils pour améliorer leur condition naturelle ?

Pourquoi se transformer ?

Un vieux rêve de l'humanité

Si l'homme a toujours tenté de se modifier, c'est tout simplement parce qu'il est insatisfait de ce que d'aucuns appellent la « nature humaine » ou encore, dans une acceptation légèrement différente, la « condition humaine ». La nudité et la vulnérabilité, à partir desquelles on a souvent défini la condition naturelle des hommes en face de forces hostiles (climat, prédateurs,

---

1. J. Harris, *Enhancing Evolution. The Ethical Case for Making Better People*, Princeton, Princeton UP, 2007.

maladies …), sont un thème classique de la philosophie
et de la littérature. Le mythe de Prométhée en est une
des plus vieilles expressions. Les Dieux chargèrent deux
Titans, Prométhée et Épiméthée, de répartir les qualités
naturelles entre les différentes espèces vivantes. Malheureusement, en assumant seul la distribution des facultés
et des organes correspondants, Épiméthée oublia par
inadvertance les hommes. Prométhée s'émeut alors de
cette injustice : « il voit les animaux bien pourvus, mais
l'homme nu, sans chaussures, ni couverture, ni armes » [1].
C'est à la technique et au feu dérobés aux Dieux par
les soins de Prométhée, et non à des dons naturels, que
l'espèce humaine devra son salut. La « connaissance des
arts » répond aux besoins en facilitant la transformation
de la nature ; le feu facilite cette modification pour la
cuisson des aliments et la confection d'instruments
métalliques.

Quelques siècles plus tard, on retrouve le même
thème chez le philosophe David Hume, à ceci près que
le dénuement de l'humanité est désormais imputé à la
nature :

> De tous les êtres animés qui peuplent le globe, il n'y en
> a pas un contre qui, semble-t-il à première vue, la nature
> se soit exercée avec plus de cruauté que contre l'homme,
> par la quantité infinie de besoins et de nécessités dont
> elle l'a écrasé et par la faiblesse des moyens qu'elle
> lui accorde pour subvenir à ces nécessités (…). Non
> seulement la nourriture nécessaire à sa subsistance
> fuit ses recherches et son approche, ou du moins elle
> réclame, pour sa production, de la peine ; mais encore
> il faut que l'homme soit pourvu de vêtements et d'une

---

1. Platon, *Protagoras*, 321c, trad. fr. par E. Chambry, Paris,
GF-Flammarion, 2016, p. 52.

> habitation pour se défendre contre les injures du temps ; pourtant, à le considérer uniquement en lui-même, il n'est pourvu ni d'armes, ni de force, ni d'autres capacités naturelles qui répondraient à quelque degré à tant de nécessités [1].

La fragilité des hommes est aggravée par la souffrance, la maladie, la vieillesse et la mort, à l'égard desquelles leur faiblesse physique les rend plus vulnérables. La conscience aigüe de leur propre finitude vient ajouter au dénuement physique une souffrance psychologique que la plante ignore totalement et que l'animal ne ressent que dans les situations extrêmes. Et chaque fois que nous percevons, sur notre corps ou celui des autres, les stigmates de la maladie et de la vieillesse, chaque fois que la mort nous arrache un être cher, le destin biologique que nous subissons nous parait cruellement injuste et révoltant.

Le projet techniciste prométhéen et cartésien

L'humanité ne se contente pas d'exprimer ses angoisses et ses aspirations. Par la science et la technique, elle se donne aussi les moyens matériels d'améliorer son sort. Dans le *Discours de la méthode*, Descartes assure que l'on pourrait s'affranchir des contraintes naturelles (pénuries, maladies…) et devenir comme maître et possesseur de la nature par la seule connaissance de l'action des forces naturelles [2]. Il attend du progrès des sciences qu'il améliore utilement notre existence, conformément à cette loi morale qui oblige

---

1. Hume, *Traité de la nature humaine*, Livre III, 2e Partie, Section II, trad. fr. par A. Leroy, Paris, Aubier, 1983, p. 601.
2. Descartes, *Œuvres complètes*, éd. C. Adam et P. Tannery, (AT VI), Paris, Vrin, 1996.

à rechercher le bien de l'humanité et à le répandre le plus loin possible. Le projet cartésien implique aussi la « conservation de la santé », qui est le premier bien et le commencement de la vie heureuse. Le rôle de la médecine, dans la compréhension du corps humain et la lutte contre la maladie, est à cet égard primordial. Grâce aux progrès médicaux nous pouvons caresser l'espoir de vivre mieux et plus longtemps : si nous parvenions à connaître les causes naturelles des maladies et les remèdes appropriés dont on dispose dans la nature, nous pourrions raisonnablement espérer un jour délivrer notre corps et notre esprit d'un très grand nombre de maladies et peut-être même lutter contre l'affaiblissement des facultés au cours de la vieillesse. En outre, l'invention d'une infinité d'artifices utiles pour la vie humaine doit permettre de compléter nos organes naturels défaillants par des artefacts externes qui sont comme des organes artificiels (lunettes, prothèses…).

Le perfectionnement de l'homme
dans la philosophie des Lumières

Le mouvement des Lumières poursuit le geste techniciste cartésien de connaissance et de maîtrise de la nature en l'intégrant dans un programme plus vaste de perfectionnement de l'humanité. Le Texte de Condorcet, extrait de l'*Esquisse d'un tableau historique des progrès de l'esprit humain*, en témoigne : au-delà du simple développement interne des facultés, physiques, psychiques et morales, que la nature a accordées aux hommes, le philosophe en appelle aussi, plus radicalement, à une modification *matérielle* de l'être humain qui doit contribuer, avec l'amélioration des conditions matérielles de vie et le développement des connaissances, au progrès de l'humanité. Il ne s'agit plus simplement de louer le perfectionnement des facultés naturelles accompli par les disciplines qui cultivent le corps et l'esprit pour en développer les potentialités (athlétisme, belles-lettres, sciences, éducation), mais bel et bien d'envisager le substrat naturel de ces facultés, non pas comme une donnée figée et sacrée dont il suffirait de déployer les richesses, mais comme un support susceptible d'être travaillé et reconfiguré. La nature humaine, en d'autres termes, n'est pas une donnée à entretenir et cultiver pour en tirer le meilleur à l'intérieur d'un horizon fini, mais un défi à (re)construire dans un mouvement infini. Avec cette hypothèse audacieuse et inédite, Condorcet apparaît ainsi comme un précurseur du mouvement transhumaniste.

Les transformations matérielles de l'homme

Les techniques de transformation traditionnelles

L'auto-transformation humaine s'est d'abord accomplie au moyen de techniques matérielles traditionnelles. Condorcet en rappelle les principales figures : accessoires pour compléter les organes déficients ou absents (lunettes, béquilles…); médecine, hygiène et diététique pour lutter contre les maladies et augmenter l'espérance de vie; culture physique pour développer les dons de la nature envisagés comme des potentialités que l'exercice doit actualiser. L'amélioration des conditions de vie extérieures (logement, travail…) fournira également ment un cadre social propice à l'épanouissement de l'humanité.

*L'amélioration humaine
par les nouvelles technologies -
Exemple de l'ICM*

Pour s'améliorer, les hommes disposent aujourd'hui de nouveaux moyens technologiques. Nous n'évoquerons pour l'instant qu'un exemple significatif : l'Interface Cerveau-Machine (ICM). Ce dispositif réalise une connexion entre le cerveau et la machine. En étudiant le mouvement des doigts et l'activité cérébrale afférente, les neurologues ont constaté que l'activité motrice et sa simple représentation mentale sollicitent les mêmes zones cérébrales dans le cortex moteur. Puisque l'activité cérébrale se traduit par un échange de signaux électriques entre neurones, il suffit de demander à un sujet d'imaginer des mouvements de ses membres, d'enregistrer les signaux électriques produits au cours de cette activité, de les transmettre à un ordinateur qui les analyse en temps réel au moyen d'un logiciel chargé d'identifier le type de mouvement à partir de la qualité du signal, et enfin de relier le tout à un dispositif mécanique ou une commande d'ordinateur, pour que la personne parvienne à diriger à distance une machine par la simple pensée, sans action corporelle et sans effort musculaire. L'ICM permet ainsi d'établir une interaction, dans les deux sens, entre le cerveau et une machine. L'information peut naviguer de la machine vers le cerveau : stimulation cérébrale profonde au moyen d'un pacemaker pour pallier les symptômes de la maladie de Parkinson ; implants stimulant les nerfs auditifs ou rétiniens et le cerveau pour rétablir une fonction... L'information enregistrée au niveau cérébral peut également être transmise à la commande d'une machine. L'ICM est d'abord un dispositif médical expérimental destiné à permettre aux personnes paralysées ou amputées d'interagir avec leur environnement sans passer par l'action musculaire. Cette technologie offre deux avantages. Elle permet d'abord de réparer ou du moins de remplacer une fonction perdue ou altérée, et de restaurer ainsi une certaine autonomie physique ou psychologique : suppléer à des déficiences motrices en dirigeant « par la pensée » tout objet susceptible d'être télécommandé (membre prothétique robotisé, fauteuil roulant), rétablir la communication chez des patients totalement paralysés par le contrôle d'une application informatique (déplacer un curseur ou un objet virtuel sur un écran d'ordinateur, écrire des messages sur un clavier numérique...). Le deuxième avantage de l'ICM est de rééduquer des patients atteints de pathologies cérébrales (lésions suite à un AVC, traumatisme, maladies neuropsychiatriques...) au moyen d'une neurostimulation. On peut stimuler certaines fonctions cérébrales en faisant travailler le cerveau de manière ciblée : entraînement des capacités attentionnelles chez les malades souffrant de troubles de l'attention ; rééducation de la mémoire ; stimulation de zones motrices dans le cortex moteur de sujets paralysés ayant pour consigne de reproduire mentalement une activité motrice... Au-delà de ces applications théra-peutiques, l'ICM pourrait également étendre les capacités de l'homme valide en vue d'un entraînement cérébral ou de l'optimisation d'une action : visite d'un musée virtuel, déplacement dans un mode ludique virtuel, télécommande domotique, déclenchement d'un système de défense militaire, développement de la mémoire ou de l'attention par neurostimulation, pilotage par la pensée de prothèses, d'un exosquelette ou d'un robot exécutant en temps réel et à distance des opérations intentionnelles (dans le cadre d'une exploration spatiale, par exemple, ou d'une intervention à distance dans une zone dangereuse ou inaccessible).

Un nouveau paradigme médical

L'anthropotechnie

L'ensemble des techniques *matérielles de transformation* humaine, réunies sous le concept d'« anthropotechnie », revêt diverses formes : maîtrise chimique de la procréation (pilule contraceptive), amélioration de l'apparence physique (chirurgie esthétique, orthodontie…), augmentation des capacités physiques (viagra, dopage) et psychologiques (psychostimulants), etc. Ces pratiques n'ont pas de finalité thérapeutique : elles visent une amélioration par la modification volontaire de certaines caractéristiques corporelles. Aujourd'hui, cette amélioration ne s'accomplit plus seulement de l'intérieur, par des moyens symboliques et immatériels (langages naturels et langues formelles), ou de l'extérieur, par des adjonctions instrumentales matérielles (prothèses, paire de lunettes, etc.) qui viennent remplacer ou compléter certaines parties du corps. Elle s'opère aussi *de l'intérieur* par des moyens *matériels* intégrés dans le corps humain (implants, neuro-médicaments…).

La médecine d'amélioration

Cette nouvelle *anthropotechnologie* témoigne d'un profond changement de *paradigme médical*. Traditionnellement dévolue au soin de l'homme malade ainsi qu'à la réparation de l'homme blessé, la médecine s'est engagée dans une nouvelle voie, extra-thérapeutique, que la chirurgie esthétique et l'orthodontie avaient déjà empruntée : l'amélioration (*enhancement*) de l'homme sain. Celle-ci se définit comme une « intervention délibérée qui, par l'application des sciences biomédicales, vise à améliorer une capacité (...) ou à créer une capacité nouvelle, en agissant directement sur le corps ou sur le cerveau » [1]. Par exemple, une substance psychotrope comme la Benzédrine, initialement préconisée dans les années 1930 dans le traitement des dépressions, est également utilisée par ceux qui accomplissent des travaux pénibles ou répétitifs pour augmenter la résistance à la fatigue. Dans un rapport de 2003 (*Beyond Therapy : Biotechnology and the Pursuit of Happiness*), le comité de bioéthique des États-Unis (*President's Council on Bioethics*) décline la médecine d'amélioration en quatre grands thèmes : la sélection et la modification génétique des embryons (« Better children »), l'amélioration des performances athlétiques (« Superior performance »), la prolongation de la vie (« Ageless bodies »), la modification de l'humeur et des fonctions cognitives (« Happy souls »). Cette médecine d'amélioration opère une inversion de la problématique du *normal* et du *pathologique* : son objectif n'est pas la reconduction du pathologique au normal, mais l'élévation du normal à un stade supérieur (l'amélioré); elle ne répond plus au souci de l'homme malade d'« aller bien », mais au désir de l'homme sain d'aller « mieux que bien ». Il faut prendre la mesure de cette révolution : alors que la médecine traditionnelle avait pour seul but la restauration

---

1. A. Buchanan, *Beyond Humanity?*, Oxford, Oxford University Press, 2011, p. 243-279.

d'un état de santé initial et s'abstenait d'intervenir en l'absence de signes pathologiques, « l'état normal » lui-même devient le point de départ d'une intervention que d'aucuns refuseront d'appeler « médicale », puisqu'elle entend dépasser la santé, définie comme un bien, pour se hisser vers un « meilleur » état où l'organisme serait plus performant. Toutefois, la frontière entre une simple réparation, qui rétablit une fonction en restituant son niveau de performance initial, et une augmentation ou une « amélioration », qui étend le niveau de performance au-delà de la moyenne, est extrêmement floue. L'athlète Oscar Pistorius, amputé des deux jambes et muni de prothèses à ressorts métalliques, bénéficie-t-il d'une réparation ou d'une augmentation ? Si la « réparation » lui permet d'éviter des traumatismes physiologiques dont les athlètes valides peuvent être victimes, ses capacités physiques sont alors plus que réparées, elles sont augmentées puisqu'il atteint un niveau de résistance physique bien supérieur à la moyenne.

En même temps qu'elles suscitent des sentiments ambivalents, les nouvelles anthropo-technologies soulè-vent de nombreuses questions. Le fond du problème est la transgression des limites naturelles. Jusqu'où peut-on repousser les limites du corps humain (vieillesse, mortalité, vulnérabilité…) ? Avons-nous devant nous une progression indéfinie ou une limite indépassable [1] ? Et dans l'hypothèse où le recul des limites naturelles est technologiquement possible, faut-il faire tout ce que les technosciences permettent de faire [2] ? Dans un élan technophile, le courant transhumaniste entend démontrer

---

1. *Cf.* Texte 1, « La perfectibilité humaine », p. 73 *sq.*
2. *Cf.* Texte 2, « L'eugénisme libéral », p. 93 *sq.*

le caractère bénéfique des transformations matérielles (technologiques) de l'homme. Le chapitre suivant présente le projet transhumaniste : ses objectifs, ses moyens, et ses arguments libéraux. Ces derniers seront à nouveau discutés dans le Texte 2.

LE TRANSHUMANISME ET LE LIBÉRALISME : PROMOTION ET LÉGITIMATION DES TRANSFORMATIONS TECHNOLOGIQUES DE L'HOMME

Le projet transhumaniste

Un homme augmenté/amélioré

Si Condorcet est un des plus illustres précurseurs du courant transhumaniste, J. Huxley en est sans doute le père fondateur [1]. Parmi ses représentants actuels les plus influents, citons, entre autres, N. Bostrom [2], J. Hughes, H. Moravec, D. Pearce, J. Savulescu, G. Stock. Tous ces penseurs sont convaincus que les nouvelles technologies peuvent et doivent servir à l'amélioration humaine par l'augmentation des capacités physiques, cognitives et affectives. Cette amélioration ne passe pas seulement par la progression des performances de nos capacités naturelles (homme amélioré), elle vise également l'apport de nouvelles facultés (homme augmenté), en vertu desquelles l'homme serait littéralement transformé. Les transhumanistes ont bon espoir que les progrès technoscientifiques continueront de repousser les limites naturelles de la vieillesse et de la mort, contribuant ainsi

---

1. *Cf.* G. Hottois, *Philosophie et idéologies trans/posthumanistes*, Paris, Vrin, 2017, chapitre premier.
2. J. Savulescu et N. Bostrom, *Human Enhancement*, Oxford, Oxford University Press, 2009.

au bonheur de l'humanité. Ils sont assurés que l'homme ne se souciera pas seulement de la conservation de sa santé, mais qu'il voudra aussi vivre mieux et plus longtemps, avec un esprit amélioré, des émotions enrichies ou mieux contrôlées et un aspect extérieur plus séduisant (« living longer, healthier, smarter and happier »).

Le droit à l'autotransformation

Pour justifier le bien-fondé de son projet, le courant transhumaniste s'appuie sur les deux grands principes de la morale libérale établis par John S. Mill, le principe de la *liberté individuelle* et le principe de *non nuisance*. Pour garantir à ses membres le maximum de liberté, une société doit s'inspirer du principe selon lequel tout ce qui ne nuit pas à autrui est permis : « La seule raison légitime que puisse avoir une communauté pour user de la force contre un de ses membres est de l'empêcher de nuire aux autres » [1] ; pour le reste, l'homme doit être libre de vivre comme bon lui semble tant qu'il ne fait de tort à personne. Il en découle que la personne, dans la limite du principe de non-nuisance, a le droit de disposer librement de son corps en matière de santé (choix du médecin et de la thérapie), de mort (euthanasie), de transformation (chirurgie esthétique et chirurgie de réassignation/réattribution sexuelle) et d'amélioration. Ces conditions sont remplies par un État démocratique et libéral garantissant le droit pour tous de bénéficier des technologies d'amélioration. La liberté individuelle dont se réclame le transhumanisme revêt trois ou quatre formes fondamentales : liberté morphologique (droit de changer

---

1. J. S. Mill, *De la liberté*, Introduction, trad. fr. par L. Lenglet, Paris, Gallimard, 1990, p. 74.

de sexe par exemple), liberté d'amélioration au moyen des technosciences (neuro-amélioration, régulation des affects…), liberté reproductrice (liberté d'avoir ou pas des enfants en bénéficiant des moyens de contraception de son choix) et enfin liberté de recourrir aux techniques de reproduction ainsi qu'au *design* génétique. Le principe libéral a pour corollaire une conception ultra-libérale de la vie bonne : si quelqu'un considère qu'une vie digne d'être vécue est une vie saine et longue avec un corps amélioré de l'extérieur (apparence) et de l'intérieur (facultés), si c'est là son idéal de vie, il n'y a aucune raison de lui interdire d'utiliser à titre personnel les moyens que la technologie met à sa disposition. Nous y reviendrons dans la deuxième partie quand nous commenterons le texte de Sandel.

Les moyens technoscientifiques d'une transformation matérielle de l'homme

Les récents progrès de la science et de ses applications technologiques, principalement la biomédecine et les biotechnologies, offrent des moyens de transformation inédits Nous ne reviendrons pas sur l'ICM, préférant nous pencher désormais sur les modes de transformation les plus spectaculaires et en même temps les plus polémiques : la modification génétique, l'amélioration cognitive, la prolongation de la vie.

La modification génétique

Depuis l'avènement des biotechnologies, à travers notamment les tests préimplantatoires et prénataux, les technosciences confèrent aux parents le pouvoir d'intervenir dans le génome des cellules germinales fécondées, soit de manière négative, en écartant les maladies génétiques (le nombre de nouveau-nés atteints de trisomie 21 a considérablement diminué) ou les qualités qu'ils jugent « indésirables » (élimination des gènes associés à l'obésité ou la taille), soit de manière positive, en apportant les qualités désirables [1]. La Chine n'est pas en reste : elle a franchi un pas décisif en projetant de sélectionner les embryons dont le génome comporte des séquences qui pourraient être associées à un QI élevé. Sous couvert de défendre l'autonomie procréatrice des parents qui souhaiteraient avoir un enfant intelligent en ayant recours à une fécondation *in vitro*, ce projet a pour objectif de rehausser le niveau général du QI de la population : derrière un eugénisme pseudo libéral se dissimule un avatar de l'eugénisme d'État.

L'amélioration cognitive et affective

L'amélioration de l'être humain passe aussi par l'amplification ou l'extension des capacités de l'esprit. Depuis longtemps, les hommes cherchent à améliorer leur mémoire (par l'apprentissage, le jeu…) ou à la soulager par des outils (écriture, agendas, calculatrice, ordinateur) ; ils fortifient leur attention par l'ingestion de substances excitantes comme le café et modulent leur humeur par l'absorption d'alcool. Aujourd'hui, les neurosciences proposent des méthodes d'amélioration des états mentaux, cognitifs (mémoire, attention, raisonnement…) et affectifs (humeur, émotions, empathie) beaucoup plus sophistiquées : les neuromédicaments et l'ingénierie neurale.

---

1. *Cf.* Texte 2, « L'eugénisme libéral », p. 93 *sq.*

Les neuromédicaments, substances psychoactives agissant sur le cerveau, sont également appréciées, en dehors de toute prescription thérapeutique, pour leurs effets amélioratifs. En voici une liste non-exhaustive qui reprend les produits les plus répandus : la fluoxétine (tel le Prozac ®), indépendamment de son usage anti-dépressif, renforce la confiance en soi et le sentiment de bien-être ; le méthylphénidate (tel la Ritaline ®), outre ses effets contre l'hyperactivité, améliore l'attention en même temps qu'elle renforce la motivation et l'intérêt ; le modafinil (tel le Provigil ®), originellement destiné à soigner la narcolepsie, augmente la vigilance ; le propanolol, susceptible de neutraliser les souvenirs traumatisants, permet de moduler certaines émotions et de lutter contre le trac ; le donépézil améliore les performances de la mémoire ; l'ocytocine, en renforçant l'empathie (la compréhension des émotions d'autrui), améliorerait la confiance et la coopération (cependant au prix d'un renforcement de l'hostilité vis-à-vis des groupes étrangers !) ; et enfin la sérotonine diminue la propension à faire du tort à ses semblables en suscitant une sorte d'aversion. Le journaliste Johann Haris qui a testé sur lui le modafinil décrit ainsi ses effets : « J'étais capable de planer dans un état de concentration profonde, calme et sans effort. C'était comme si j'avais ouvert une fenêtre dans mon cerveau » [1].

L'amélioration mentale peut aussi faire appel à *l'ingénierie neurale*. La technique non-invasive par *neurofeedback* au moyen de casques EEG permet

---

1. *Cf.* R. Goodman, « Cognitive Enhancement, Cheating, and Accomplishment », *Kennedy Institute of Ethics Journal*, 20/2, 2010, p. 147.

d'améliorer une fonction cognitive, telle que l'attention, par un entraînement répété : « Un jeu vidéo invite un enfant muni d'un casque EEG d'atteindre des valeurs cibles (représentées par exemple par la vitesse relative de divers avions). Les valeurs observées sont données par les fréquences des ondes neuronales liées à la focalisation attentionnelle existante. Les valeurs cibles correspondent à une focalisation attentionnelle désirée » [1]. À l'enfant déficient, cette technique permet une remédiation thérapeutique ; aux autres elle propose un rehaussement fonctionnel. Les techniques invasives consistent quant à elles en implants intégrés dans le corps ou le cerveau pour étendre les capacités perceptives du sujet ou lui redonner les moyens d'agir sur son environnement. L'extension des capacités sensorielles se fait au moyen de prothèses neuronales (implants cochléaires, vestibulaires, rétiniens ou tactiles). La restitution d'un contrôle moteur de l'environnement (quand le sujet en a été privé à cause d'une lésion cérébrospinale) est réalisée au moyen de l'ICM [2].

La prolongation de la vie

Prolonger la vie et lutter contre les effets délétères du vieillissement sont des aspirations ancestrales de l'humanité. Les progrès de la médecine et, plus récemment, des nouvelles technologies, ouvrent dans ce domaine de nouvelles perspectives. Condorcet avait déjà abordé cette question : « la distance entre le moment où

1. J. Proust, « Amélioration cognitive », dans *Encyclopédie du transhumanisme et du posthumanisme* (désormais cité *Encyclopédie*), G. Hottois, J.-N. Missa et L. Perbal (dir.), Paris, Vrin, 2017, p. 199-200.
2. *Cf.* p. 16-18.

[l'homme] commence à vivre et l'époque commune où naturellement, sans maladie, sans accident, il éprouve la difficulté d'être, ne peut-elle s'accroître sans cesse ? » [1]. Ces prédictions semblent de plus en plus réalistes, car si l'espérance de vie a doublé en 300 ans, il n'y aucune raison pour que ce processus s'arrête en si bon chemin comme s'il avait déjà atteint une limite naturelle absolue. D'éminents experts estiment en effet que la connaissance de la biologie du vieillissement devrait nous donner très prochainement les moyens de ralentir ce processus naturel et de prolonger la vie. La chose a déjà été réalisée avec succès sur l'animal à titre expérimental. En 2010, l'équipe de recherche dirigée par Ronald De Pinho a établi le caractère réversible du processus de vieillissement sur des souris génétiquement modifiées dans lesquelles on a artificiellement modulé l'activité d'un gène responsable de la production de télomérase (enzyme permettant la réparation des extrémités des chromosomes, les télomères). Chaque fois que les cellules vivantes se divisent pour se renouveler, les télomères raccourcissent et finissent par s'atrophier, entraînant la sénescence ou la destruction cellulaire et, par voie de conséquence, le vieillissement de l'organisme. Or De Pinho et ses collaborateurs sont parvenus à agir sur le gène de la souris transgénique en le rendant actif ou inactif dans sa fonction de production de télomérase : quand il est désactivé, le vieillissement s'accélère ; quand il est activé, les symptômes (altération des capacités cognitives, changement de couleur des poils, perte de

---

1. Condorcet, *Esquisse d'un tableau historique des progrès de l'esprit humain* (désormais cité *Esquisse*), Paris, GF-Flammarion, 1988, p. 218.

l'énergie et de la fécondité) disparaissent et le processus est inversé (les souris rajeunissent et recouvrent leurs forces et l'usage de leurs facultés, à l'instar des jeunes adultes qu'elles ont été).

Michael Rose a pu aboutir à la même conclusion à partir d'une étude sur les drosophiles. Son travail s'appuie sur la théorie évolutionniste du vieillissement de G. C. Williams et sur la distinction entre le *germen* et le *soma*. Le corps (*soma*) est le dépositaire provisoire du *germen* (cellules sexuelles) qui se transmet au fil des générations. Une fois que l'individu a opéré cette transmission par la procréation et qu'il n'a donc plus d'utilité naturelle, il vieillit et meurt. Car la sélection naturelle privilégie le développement corporel jusqu'au stade de la maturité reproductive et se désintéresse ensuite du sort de l'individu dont le corps n'a été que le réceptacle provisoire du germen. Or les gènes favorisant la reproduction des organismes jeunes sont préjudiciables aux organismes devenus vieux dont ils réduisent la capacité d'autoréparation. Dès lors, en intervenant artificiellement sur le mécanisme de la sélection naturelle, on pourrait théoriquement modifier la durée des organismes vivants. L'expérimentation sur la drosophile a précisément pour but de tester cette hypothèse : en conservant, dans le cycle de reproduction de la drosophile, les œufs pondus par des femelles adultes d'âge mûr (*i.e.* des individus parvenus au terme de leur cycle) et en éliminant ceux qui sont issus des jeunes femelles, puis en répétant chaque fois l'opération, M. Rose est parvenu à multiplier par deux puis quatre l'espérance de de vie des individus au bout de 80 puis 160 générations. De ces expériences, il ressort que la durée de vie d'un organisme est modulable, que le vieillissement n'est pas un processus inéluctable, et qu'on peut donc raisonnablement espérer intervenir aussi sur la durée de la vie humaine.

Pour défendre les transformations matérielles de l'homme, les transhumanistes s'appuient sur les critères libéraux de la liberté individuelle et de la non-nuisance [1] et multiplient les arguments [2] en réponse aux objections soulevées par leurs détracteurs [3]. Loin de partager un optimisme technophile et une confiance aveugle dans le progrès, les bioconservateurs considèrent que les biotechnologies pourraient mettre en péril l'espèce humaine.

LE BIO-CONSERVATISME :
CRITIQUE ET REJET DES TECHNOLOGIES MATÉRIELLES
DE TRANSFORMATION HUMAINE

Si elles séduisent les transhumanistes et sont tolérées par les libéraux, les transformations technologiques de l'homme inspirent aux bioconservateurs de la méfiance et de l'inquiétude. Ce courant de pensée réunit des penseurs (L. Andrews, G. Annas, F. Fukuyama, J. Habermas, L. Kass, M. Sandel …) d'horizons divers : religieux, pour ceux qui accusent le projet démiurgique de maîtrise de la nature d'être l'usurpation d'une prérogative divine ; philosophique, pour ceux qui soupçonnent qu'une nouvelle forme d'eugénisme et d'instrumentalisation humaine se dissimule derrière la bienveillance apparente du projet d'amélioration ; ou écologique, puisque la sacralisation de la nature conduit à la répudiation de bon nombre d'artifices humains. Les plus modérés estiment que le

1. *Cf.* Texte 2, « L'eugénisme libéral », p. 93 *sq.*
2. *Cf.* p. 47 *sq.*
3. *Cf.* p. 29 *sq.*

progrès technologique doit s'accompagner d'un certain nombre de garde-fous. Les plus radicaux sont résolument hostiles à toutes les interventions sur le corps humain qui ne répondraient pas à des impératifs thérapeutiques. Dans leur lutte contre la transformation technologique de l'homme, les bioconservateurs mobilisent des objections sanitaires, éthiques, sociales et métaphysiques.

Objections sanitaires

Les bioconservateurs mettent en avant les risques sanitaires que font inutilement courir les améliorations technologiques de l'homme. Ces risques sont liés à quatre facteurs.

Le caractère invasif
des procédés de transformation

Certains risques tiennent au caractère invasif des interventions amélioratrices. S'agissant des implants cérébraux (électrodes), le risque est double. Il peut d'abord intervenir pendant l'intervention chirurgicale, puisque pénétrer à l'intérieur de la boîte crânienne ou du cortex n'est pas un geste anodin. Il peut également surgir après l'opération en cas de rejet de l'implant, car les cicatrices résiduelles qui en résulteraient représenteraient un dommage cérébral irrémédiable. Tant que le risque encouru n'est pas contrebalancé par un espoir de guérison mais seulement par la perspective d'une amélioration, toute intervention doit être proscrite.

Le déséquilibre du métabolisme

Le deuxième facteur de risque est lié au déséquilibre que pourrait entraîner la sollicitation technologique excessive d'une capacité. L'augmentation artificielle de certaines performances (vigilance, réduction du sommeil, réactivité…) peut en effet porter préjudice aux autres. La réduction du sommeil, par exemple, altère le raisonnement, si bien que le bénéfice obtenu sur le plan de la vigilance se paye d'un lourd préjudice cognitif. Dans le cerveau, à la différence de l'ordinateur, la structure et la fonction (*hardware* et *software*) sont inséparables. C'est pourquoi toute modification des capacités au cours d'un apprentissage impacte l'architecture cérébrale, comme en témoigne l'augmentation du volume de l'hippocampe chez les chauffeurs de taxi londoniens qui surexploitent leur mémoire. Réciproquement, toute modification de la structure (lésion, ablation…) impacte les performances. Quand ils en appellent à de multiples formes d'améliorations (physiques, cognitives, affectives), les transhumanistes ignorent si elles sont mutuellement compatibles. Que l'on songe par exemple à l'avènement d'un « Homo Deus », tel que le rêve Yuval Noah Hariri, réalisant une fusion du corps biologique et d'organes bioniques contrôlés et réparés par les nanotechnologies. On oublie le principe de « compossibilité » cher à Leibniz : les possibilités offertes par les biotechnologies, notamment l'hybridation entre l'artificiel et le vivant, ne sont pas nécessairement conciliables entre elles et compatibles avec les autres éléments des organismes vivants qui, à la différence des machines fabriquées par l'homme, « sont encore machines dans leurs moindres parties, jusqu'à l'infini » [1].

---

1. Leibniz, *La Monadologie*, § 64, édition annotée par E. Boutroux, Paris, Delagrave, 1968, p. 178-179.

L'irréversibilité des transformations

Le troisième facteur de risque repose sur l'irréversibilité de certaines transformations. Une fois que l'on a introduit dans l'organisme une substance chimique (neuro-médicament) ou un objet artificiel (implant), il n'est pas toujours facile ni même possible d'en suivre le cheminement et d'en contrôler l'action pour la suspendre en cas de problème. On ne s'en débarrasse pas aussi facilement qu'un appareillage externe (bouclier, armure, exosquelette). Cette irréversibilité est particulièrement inquiétante dans le cas d'une modification de la lignée germinale car nous faisons alors courir des risques à toutes les générations futures.

L'ignorance des conséquences

Les inquiétudes sont accrues par notre ignorance de l'impact des nouvelles technologies, notamment des nanotechnologies. Nous n'avons pas encore suffisamment de recul pour connaître les effets secondaires d'une modification technologique du corps humain et pour en mesurer objectivement les bénéfices et la dangerosité.

Objections éthiques et sociales

Bien que l'amélioration humaine soit *a priori* une idée généreuse et séduisante, la transformation technologique de l'homme soulève aussi des problèmes éthiques et sociaux.

L'altération de la nature humaine

Les bioconservateurs craignent que les transformations de l'homme induites par l'ingénierie génétique, les organes artificiels et les recherches sur l'embryon, ne finissent par en altérer profondément l'essence. Certaines déclarations justifient cette méfiance : comme celle de Nick Bostrom pour qui le mouvement transhumaniste a acquis ses lettres de noblesse en lançant un défi au postulat métaphysique de l'immuabilité de la nature humaine [1] ; ou encore celle de Tristram Engelhardt qui prophétise que le génie génétique « est susceptible de changer à ce point la nature humaine que les taxinomistes du futur considéreront peut-être nos descendants comme appartenant à une nouvelle espèce », puisqu'une fois que nous maîtriserons le substrat matériel du vivant, « il n'y a aucune raison pour que cette nature (…) ne puisse être radicalement changée » [2]. A force de remodelage et de mutations artificielles, nous pourrions perdre notre humanité ou du moins devenir des Humains Génétiquement Modifiés à l'instar des OGM dont les biotechnologies maîtrisent parfaitement aujourd'hui la production. Dans les scénarios les plus audacieux, on pourrait même s'effacer pour laisser place après un saut qualitatif à quelque chose comme une posthumanité. C'est ce que redoute F. Fukuyama : « Nous sommes à la veille de nouvelles découvertes scientifiques qui, par leur essence même, aboliront l'humanité en tant que telle » [3]. En dépit de l'accent catastrophiste de certaines extrapolations, les dangers sont bien réels. Le développement des capacités humaines au-delà de leur extension « normale » ou « moyenne » pourrait aboutir à l'apparition d'une

---

1. N. Bostrom, « *Qu'est-ce-que le transhumanisme ?* », 2000, disponible en ligne : https://iatranshumanisme.com/
2. T. Engelhardt, *Les fondements de la bioéthique*, trad. fr. par J.-Y. Goffi, Paris, Les Belles Lettres, 2015, p. 570.
3. F. Fukuyama, « La fin de l'histoire 10 ans après », *Le Monde*, 17 juin 1999.

nouvelle espèce de mutants susceptibles de remplacer l'humanité actuelle en raison de sa supériorité. La chose est envisageable si les manipulations génétiques nous dotaient de nouvelles capacités artificielles qui ne sont pas présentes naturellement en nous : l'homme augmenté – si c'est encore un « homme » ! – remplacerait l'homme tel que la nature l'a produit et tel que la culture en a développé les dons naturels. En outre, une fusion de plus en plus intime de l'homme et de la machine (cyborg), comme les implants et l'ICM en donnent déjà un aperçu, n'est pas non plus impossible.

La restriction des libertés individuelles

Toutes les formes de libertés individuelles attachées à la personne humaine sont également menacées, au niveau social par l'instauration d'un conformisme, et au niveau biologique par l'ingérence des géniteurs dans les qualités de leur descendance.

L'expansion des technologies amélioratrices pourrait bien instaurer ou renforcer un conformisme social. « Si une substance améliore les performances, ceux qui ne la prennent pas se trouveront désavantagés et se verront obligés d'en user, même s'ils ne le désirent pas. Leur autonomie sera ainsi violée » [1]. Il s'agit là d'un phénomène d'entonnoir : quand la pression sociale est très forte, elle pousse la masse à se plier à ses normes et à se fondre dans le même moule. Aurons-nous encore vraiment le choix de rester à la marge, insensibles aux promesses d'amélioration, dans une société qui promeut la performance individuelle à tout-va et qui valorise la réussite dans des secteurs concurrentiels de plus en plus

---

1. B. Baertschi, « Neuroamélioration », dans *Encyclopédie*, p. 311.

nombreux (sport, travail, scolarité, concours)? Si tout le monde autour de nous s'améliore, ne serons-nous pas emportés malgré nous dans cet élan technophile? Ne nous sentirons-nous pas « obligés » d'en faire autant pour rester compétitifs et éviter d'être déclassés et marginalisés à cause de notre infériorité? Car, en raison de ses multiples avantages physiques, esthétiques, intellectuels et affectifs, l'homme amélioré sera privilégié partout où règne la concurrence. Si l'amélioration devient un standard, il sera alors bien difficile de dire si l'usage des technologies amélioratrices répond à une aspiration personnelle authentique ou traduit la réponse conformiste à une pression sociale quasi-irrésistible.

Mais les plus grandes menaces sur les libertés individuelles viennent de l'ingénierie génétique qui tient le corps humain, avant leur naissance, pour un substrat matériel disponible entièrement manipulable [1].

La remise en cause de la justice sociale

Le projet transhumaniste soulève également des problèmes de *justice sociale*. Si l'amélioration devait être réservée à une minorité privilégiée en raison de son coût, les disparités sociales s'accentueront et les discriminations s'aggraveront. Quand l'homme augmenté est socialement avantagé dans tous les secteurs sociaux concurrentiels, les autres, qui ne peuvent ou ne veulent pas s'améliorer, sont *de facto* déclassés. Et si l'amélioration devait bénéficier exclusivement aux enfants dont les parents ont pu s'engager dans cette voie, le principe fondateur des droits de l'homme (les hommes naissent libres et *égaux en droit*) risque fort de tomber en désuétude, puisque

---

1. *Cf.* Texte 2, « L'eugénisme libéral », p. 93 *sq.*

l'humanité se scinderait alors en deux classes, les hommes améliorés, appelés à diriger en raison de leur supériorité, et les autres, appelés à obéir en raison de leur infériorité. Les gens implantés ou hybridés, annonce Kevin Warwick, sont appelés à devenir les maîtres du monde; comparés à cette élite cyber-équipée, les autres ne seront plus que des animaux domestiques « pas plus utiles que nos vaches actuelles gardées au pré »[1]. « Ceux qui décideront de rester humains et refuseront de s'améliorer [en fusionnant avec la machine] auront un sérieux handicap. Ils constitueront une sous-espèce et formeront les chimpanzés de demain »[2].

En outre, les bioconservateurs considèrent que, dans toutes les secteurs concurrentiels où plusieurs personnes sont en situation de rivalité (concours, recrutement professionnel, projet matrimonial…), l'amélioration technologique est à la fois une injustice sociale, puisqu'elle privilégie *a priori* les uns au détriment des autres, et une *tricherie* morale puisque les avantages artificiels dont bénéficie la personne améliorée sont totalement indépendants de son travail, de ses efforts, de ses qualités intrinsèques et donc de son mérite.

Le caractère hédoniste et individualiste de la morale transhumaniste

Les bioconservateurs reprochent aussi au projet transhumaniste de promouvoir une morale individualiste, hédoniste et utilitariste, subordonnée à la toute-puissance aveugle du désir et inféodée à la société de consommation. Cet hédonisme forcené et cet utilitarisme décomplexé

---

1. Article de Cécile Lestienne, *L'OBS*, 19 novembre 2016.
2. Article de Christophe Boltanski, *Libération*, 11 mai 2002.

traduisent une conception réductrice de la vie bonne. Donner à l'existence humaine pour seul but le bonheur individuel et pour seul moyen l'augmentation psycho-physique par les technosciences, est à bien des égards insuffisant et décevant.

S'agissant tout d'abord de la *fin* de l'existence humaine, on peut rétorquer que l'homme en quête d'amélioration ne doit pas seulement viser l'optimisation de ses performances corporelles et cérébrales, mais aussi et surtout l'élévation morale de sa personne, laquelle se manifeste plus par le souci de l'autre que par des préoccupations narcissiques d'auto-amélioration. A cette « éthique » autocentrée soucieuse d'améliorer les capacités de l'homme sain s'oppose une éthique compassionnelle tournée vers les plus vulnérables.

En outre, le bonheur auquel aspire le transhumaniste est par trop artificiel et sophistiqué. Car, dans sa quête effrénée du « meilleur » et son obsession de la performance, il ne se contente pas de jouir d'un corps en bonne santé et en pleine possession de ses facultés naturelles ; il veut beaucoup plus puisqu'il aspire à être « mieux que bien » (« *better than well* »). Il ne se satisfait pas de la santé et autres dons de la nature, il est en attente de facultés supérieures, non seulement améliorées mais également, dans la mesure du possible, inédites c'est-à-dire augmentées. C'est là une ambition démesurée puisque l'amélioration technologique n'a pas de limites définies. La morale hédoniste qui inspire les projets transhumanistes nous condamne ainsi à une éternelle frustration, puisque le but recherché, en vertu des progrès incessants de la science, ne cesse de reculer au fur et mesure que l'on croit s'en approcher. Dans ces conditions, le transhumanisme n'annoncerait pas notre libération de la condition humaine mais, tel un nouvel Icare qui finira par se brûler les ailes, notre asservissement à l'insatiabilité du désir et aux tentations consuméristes.

Si nous nous tournons maintenant vers les *moyens* préconisés, il y a lieu, là-aussi, d'être perplexe. Pourquoi le bonheur devrait-il passer par une amélioration technologique du corps et du cerveau au-delà de l'extension normale des facultés? Un homme aux pouvoirs augmentés est-il nécessairement plus heureux? Sa vie sera-t-elle meilleure s'il est plus fort, plus intelligent, plus beau? Ou si la science lui donne des pouvoirs surnaturels? Ne confondons-nous pas l'augmentation des facultés et l'amélioration qualitative de la vie humaine? L'extension de la mémoire, par exemple, n'est pas avantageuse si l'on ne parvient pas à se délivrer de certains souvenirs portant sur des informations inutiles ou des expériences traumatisantes. De même, l'augmentation de la durée de vie n'est pas nécessairement une amélioration pour l'individu, dont le sentiment d'inutilité et le désœuvrement risquent de se renforcer, et pour la société qui aura à charge un nombre croissant de personnes âgées. Au lieu d'être obsédé par la performance et fasciné par les innovations technologiques, l'homme ne devrait-il pas plutôt se satisfaire de ce que la nature lui a donné, cultiver ses dons naturels, et changer ses désirs plutôt que la réalité?

En outre, l'usage des technologies amélioratrices réduit la valeur morale de leur bénéficiaire. L'intervention technique extérieure et le bénéfice qu'elle apporte ne demandent en effet aucun effort de la part du sujet. Un homme technologiquement amélioré n'a aucun mérite à être ce qu'il est artificiellement devenu. Ses performances, il ne les doit pas à lui-même, à son travail, à ses études, mais seulement à des artifices technologiques et des prestations qu'il a pu financer.

La critique morale des bioconservateurs pointe également les raisons invoquées par les bénéficiaires des technologies d'amélioration pour en justifier l'usage. Ces derniers prétendent que les transformations sont motivées par la recherche de l'authenticité et contribuent ainsi à leur épanouissement. Ce qu'il y avait en eux de plus profond et d'authentique, auparavant dissimulé derrière des apparences physiques insatisfaisantes ou des capacités inappropriées, la technologie est parvenue à le révéler, mettant ainsi fin à la souffrance que nourrissait l'inadéquation entre l'être et l'apparence. La chirurgie de réassignation sexuelle en est un parfait exemple : elle permet de réajuster l'identité sexuelle (je me sens homme ou femme) et l'apparence physique (j'ai un sexe masculin ou féminin). Les bioconservateurs rétorquent que l'individu qui se lance dans une amélioration physique, esthétique ou cognitive, répond moins à une aspiration personnelle qu'aux diktats d'une société de consommation qui prône l'image stéréotypée d'un beau corps en bonne santé, garant de la réussite individuelle. Quand nous croyons nous réaliser, nous ne faisons que répondre aux injonctions de la société en matière de consommation, de critère esthétique, de valorisation professionnelle et d'idéal de vie. En définitive, l'engouement pour les technologies d'amélioration témoigne moins d'un authentique souci de développement personnel que d'un conformisme motivé par la peur de ne pas être à la hauteur des exigences sociales. Nous jouons le personnage que les autres attendent de nous.

La notion suspecte de médecine d'amélioration

Les bioconservateurs s'en tiennent à une définition étroite du champ médical, conformément à la version contemporaine du serment d'Hippocrate : « Mon premier souci sera de rétablir, de préserver ou de promouvoir la santé dans tous ses éléments, physiques et mentaux, individuels et sociaux ». La finalité première de l'art médical est thérapeutique : il s'agit de soigner les malades et de réparer les blessés, ni plus ni moins. L'objectif est de ramener à leur niveau « normal » des performances diminuées à cause d'une maladie, d'un accident ou d'un handicap. Telle est la finalité naturelle de l'art (*tékhnè*) médical : « La guérison n'est pas la fabrication d'une chose, mais le rétablissement d'un état, et l'état lui-même n'est pas artificiel, bien qu'un art lui soit consacré, mais l'état naturel ou un état aussi proche de lui que possible » [1]. Si la restauration d'une fonction perdue ou altérée est légitime, l'extension fonctionnelle (l'amélioration d'une compétence naturelle préexistante, voire la création d'une nouvelle fonction, comme la vision nocturne) est à proscrire en raison de son caractère non thérapeutique. Si la santé est la seule norme naturelle à laquelle la médecine doit se conformer, alors toutes les tentatives d'amélioration ou d'augmentation de l'homme sain (par lesquelles nous produirions une chose non-naturelle) sont un dévoiement de cette discipline. Telle est la thèse que défend François-Xavier Bellamy dans son commentaire du projet d'extension de la PMA aux couples homosexuels et aux femmes célibataires :

---

1. H. Jonas, *L'art médical et la responsabilité humaine*, trad. fr. par E. Pommier, Paris, Éditions du Cerf, 2012, p. 47.

> La PMA est un acte médical. Un acte (...) qui est dans
> son essence un acte thérapeutique, en ce sens qu'il vise
> à remédier à une pathologie. Le geste médical est un
> geste technique qui se donne pour objectif la santé :
> l'état d'un corps qu'aucune anomalie ne fait souffrir.
> Il met les artifices (...) au service de l'équilibre naturel
> du vivant. C'est quand la santé est atteinte, suite à un
> accident ou à une maladie, que la médecine intervient
> pour tenter de rétablir le cours régulier de la nature.
> La procréation médicalement assistée est donc le
> geste thérapeutique par lequel un couple qui se trouve
> infertile pour une raison accidentelle ou pathologique,
> peut recouvrer la fécondité qu'un trouble de santé
> affectait [1].

Or l'extension de la PMA au-delà des couples
infertiles, estime l'auteur, n'est plus un acte médical
à proprement parler, mais une prestation technique,
sans aucune motivation thérapeutique, répondant aux
convenances personnelles de personnes fertiles. « La
différence, ajoute-t-il, est aussi grande, qu'entre greffer
un bras à une personne amputée, et greffer un troisième
bras sur un corps sain » (ce qu'un artiste australien
prénommé Stelarc a réalisé à l'aide d'une prothèse
biomécanique). Parce qu'on est subrepticement passé
du soin prodigué au malade à l'amélioration proposée
à l'homme sain, la condamnation de Bellamy est sans
appel : « Pour la première fois dans l'histoire, la science
médicale est détournée du principe qui la règle depuis
ses commencements – préserver ou reconstituer la
santé –, pour être mise au service exclusif du désir ». La
PMA étendue aux personnes non stériles est considérée

---

1. F.-X. Bellamy, « PMA pour toutes, dernière frontière avant le
transhumanisme », Lefigaro.fr, 15/09/2017.

comme contre-nature, et cela à un double titre. D'une part, elle propose une procréation artificielle « sans contact avec l'altérité biologique » (sans rapport naturel hétérosexuel). D'autre part, elle ne s'adresse pas à des personnes malades (stériles) mais à des personnes en parfaite santé (fertiles) qui, pour des raisons sociales (célibat, homosexualité), ne font pas des enfants de manière naturelle. Une fois que l'on a ouvert la boîte de Pandore, tous les excès possibles sont permis et n'ont pas d'autres limites que les progrès technoscientifiques et l'étendue des désirs humains. De plus, avec la médecine d'amélioration, la balance bénéfice/risque sur laquelle s'appuyait auparavant la décision médicale, est totalement déséquilibrée : en face des risques et des contraintes (risque anesthésique et infectieux pour la chirurgie esthétique, danger d'accoutumance pour les neuro-médicaments…), il n'y a qu'un bénéfice mé01ioratif extrêmement relatif dont le critère n'est plus, objectivement, la santé mais, subjectivement, l'idée que chacun se fait du bonheur individuel, de la notoriété et de la réussite sociale.

Objections métaphysiques

La sacralisation du naturel et la dévalorisation de l'artificiel

L'attitude des bioconservateurs à l'égard des anthropotechnologies traduit surtout un système de valeurs où le naturel est sacralisé et l'artificiel déprécié. Bon nombre de leurs arguments sont en effet inspirés par l'idée que la nature est parfaite et que tout ce qu'elle produit est pur et bon. Partant de là, toute intervention qui tente de transformer l'ordre naturel ou de le dépasser est une ingérence contre-nature génératrice de désordre et de déséquilibre. La dépréciation de l'interventionnisme technique est renforcée par l'idée théiste que la nature en général et la nature humaine en particulier sont définies et créées par une instance surnaturelle dont on transgresse l'autorité chaque fois que l'on entend corriger son travail à notre goût, ou, pire encore, se substituer à elle pour faire œuvre de création. Tel est précisément le motif qui a motivé la condamnation des reconstructions nasales des visages ravagés par la syphilis par le chirurgien Gaspare Tagliacozzi au XVII e siècle : l'Église a jugé qu'il y avait là une offense à Dieu, non seulement parce que l'on effaçait les séquelles par lesquelles le pécheur était puni de ses péchés, mais aussi et surtout parce qu'en reconstruisant la chair humaine on s'arrogeait une prérogative divine. C'est encore ce type d'argument qui, *mutatis mutandis*, inspire M. Sandel, avec ou sans un arrière-plan théiste :

> To appreciate children as gifts or blessings is not, of course, to be passive in the face of illness or disease. Medical intervention to cure or prevent illness or restore the injured to health *does not desecrate nature but honors it*. Healing sickness or injury does not override a child's natural capacities but permits them to flourish [1].

Les interventions médicales qui protègent ou restaurent la santé « ne profanent pas la nature mais l'honorent » : comme si tout ce qui pouvait s'accomplir en dehors d'une justification thérapeutique (comme une intervention de chirurgie esthétique) était profanation. Et c'est encore

---

1. M. Sandel, « The Case Against Perfection », *Atlantic Monthly* 3, 293, 2004, p. 57 ; trad. fr. par H. Valence, *Contre la perfection*, chapitre III, Paris, Vrin, 2016, p. 38.

à cette sacralisation de la nature comme norme absolue de l'art médical que se réfère F.-X. Bellamy dans son analyse critique de la PMA : « À l'heure où l'écologie nous a appris les catastrophes que cette logique avait produites, il serait absurde de transférer sur nos propres corps la violence d'une technique débridée dont nous tentons de protéger notre planète, et les vivants qui l'habitent. La nature en nous aussi appelle le respect » [1]. Le respect absolu et inconditionnel que la nature doit nous inspirer, soit parce qu'elle est d'origine divine, soit parce qu'elle est source de vie et agit toujours pour le mieux, interdit de bouleverser le cours naturel des choses. Toute modification d'un substrat sain est profanation de la nature ; et toute profanation de la nature est une offense à son créateur.

> Dès lors que l'homme intervient (...) dans l'ordre de la nature, que ce soit en modifiant son environnement naturel de façon radicale ou en mettant en place des pratiques médicales améliioratrices, la notion d'une transgression consistant à usurper la puissance divine (« *playing God* ») n'est pas loin [2].

La nature humaine, la finitude qui la caractérise (notre vulnérabilité qui nous expose à la souffrance, à la maladie, au vieillissement et à la mort), ainsi que le patrimoine génétique qui en fixe les conditions matérielles initiales, sont autant de données naturelles qui ne dépendent pas de nous, qui s'imposent à nous et que nous devons donc accepter, non seulement parce qu'il est bon qu'il en soit ainsi, mais aussi parce qu'il

---

1. F.-X. Bellamy, « PMA pour toutes, dernière frontière avant le transhumanisme », article cité.
2. A. Mauron, « Éthique démiurgique », dans *Encyclopédie*, p. 36.

n'y a pas d'autres choix possibles. Tout ce que l'homme tenterait de faire ne saurait être meilleur que ce que Dieu, dans sa sagesse et sa bonté, ou la nature, de manière aveugle mais optimale, ont accompli. Cette sacralisation de la nature a pour corollaire une dévalorisation de la technique et de l'artifice, ainsi qu'une condamnation de l'interventionnisme.

> Tout est bien sortant des mains de l'Auteur des choses, tout dégénère entre les mains de l'homme. Il force une terre à nourrir les productions d'une autre, un arbre à porter les fruits d'un autre [avec la GPA un être humain porte l'enfant d'un autre]; il mêle et confond les climats, les éléments, les saisons; il mutile son chien, son cheval, son esclave; il bouleverse tout, il défigure tout (...); il ne veut rien tel que la fait la nature, pas même l'homme; il le faut dresser pour lui, comme un cheval de manège; il le faut contourner à sa mode, comme un arbre de son jardin [1].

Si l'ordre naturel est parfait, si son créateur est infiniment bon, tout ce que l'homme entreprend en dehors de cet ordre pour s'en écarter, le corriger ou le compléter, est nécessairement « artificiel », c'est-à-dire « contre-nature » et donc « mauvais », « corrupteur », « coupable » ou « dangereux » : pilule contraceptive, prolongation artificielle de la vie, homosexualité, PMA à destination des personnes fertiles, OGM, corps humain technologiquement amélioré... Si on ne condamne certes plus la chirurgie plastique pour des motifs métaphysico-religieux, d'aucuns reprochent à sa petite sœur, la chirurgie esthétique, son narcissisme et sa frivolité,

---

1. Rousseau, *Emile*, dans *Œuvres complètes*, t. IV, « Bibliothèque de la Pleiade », Paris, Gallimard, 1969, p. 245.

comme si la réparation des stigmates du vieillissement ou des complexes physiques était encore, dans l'inconscient collectif, un outrage à la nature. Et dans bien des domaines, l'attitude des Églises, encore aujourd'hui, est sans appel. L'homosexualité est condamnée au motif qu'elle est « contre-nature » et qu'elle bouleverse l'organisation naturelle de la famille telle que Dieu l'a établie. Le cardinal Cottier rejetait la PMA par FIVETTE (fécondation *in vitro* et transfert d'embryon) ainsi que les moyens de contraceptions, en arguant que ces techniques transgressent l'ordre naturel, ouvrage de Dieu, et qu'elles séparent ce qui est naturellement associé dans la sexualité, à savoir procréation et amour (la FIVETTE exclut l'amour et la contraception exclut la procréation). Le Pape Pie XII résumait les choses ainsi : « Jamais il n'est permis de séparer ses divers aspects au point d'exclure positivement soit l'intention procréatrice, soit le rapport conjugal » [1]. Et son prédécesseur soutenait que « les individus eux-mêmes n'ont sur les membres de leur propre corps d'autre puissance que celle qui se rapporte à leurs fins naturelles [*i.e.* procréatrices] » [2]. Même affranchie de son arrière-plan théologique, cette sacralisation de la nature nourrit également un certain courant écologique, héritier d'un rousseauisme bon enfant, qui voit dans beaucoup d'actions humaines au mieux une intervention imprudente, au pire un bouleversement de l'ordre naturel, et qui prône un « retour à la nature » (thérapies naturelles, aliments « bio », etc.).

1. « Stérilité conjugale et insémination artificielle », dans P. Verspieren (dir.), *Biologie, médecine et éthique*, Paris, Le centurion, p. 42.
2. Pie XI, L'Encyclique *Casti Connubii*, Paris, Spes, 1936, p. 72. *AAS 22, 1930*, p. 562-565.

L'homme-démiurge

Une fois encore, c'est avec les manipulations génétiques que l'ingérence de l'homme-démiurge dans le sacro-saint domaine de la nature est à la fois la plus flagrante et la plus périlleuse [1]. Les bioconservateurs voient dans cette « volonté d'autoreproduction de soi par soi », dont les techniques de procréation médicalement assistée (PMA) sont l'expression, « le désir d'être Dieu » [2]. Désir qui envisage les commencements de la vie humaine (le génome) comme un matériau malléable à la disposition des volontés parentales et des outils biotechnologiques.

LES RÉPONSES TRANSHUMANISTES ET LIBÉRALES

À ces multiples objections, les transhumanistes tentent d'apporter des réponses dans les domaines sanitaires, éthiques et métaphysiques.

Réponses à la question des risques sanitaires

Certaines applications technologiques, dont l'impact n'est pas encore bien connu, ne sont évidemment pas sans danger pour la santé humaine : un implant est invasif, un médicament a des effets secondaires. Mais le danger potentiel peut-être réduit et maîtrisé si les innovations technologiques sont scrupuleusement encadrées, en amont, par un contrôle expérimental préalable, et, en aval, par un système de veille sanitaire. En outre, il n'est pas certain que le concept de « risque » s'applique

---

1. *Cf.* Texte 2, « L'eugénisme libéral », p. 93 *sq.*
2. D. Folscheid, *Made in labo*, Paris, Les Éditions du Cerf, 2019, p. 15.

indistinctement à tous les dangers dénoncés par les bioconservateurs. Dans son acception technique la plus rigoureuse, le concept de « risque » suppose que la probabilité d'un événement indésirable et dommageable soit *quantifiable*; c'est pourquoi il est difficilement applicable à des innovations technologiques qui n'en sont qu'à leurs tout premiers balbutiements et dont nombre d'applications, à l'état de projet, relèvent encore du possible. Les dommages potentiels imputés aux anthropotechnologies tombent plutôt sous le concept d'*incertitude*, car les scénarios les plus alarmistes, qui extrapolent parfois des résultats à partir d'un socle expérimental extrêmement mince, envisagent bien souvent des événements imaginaires dont la probabilité n'est ni connue ni objectivement déterminable. Dans ces conditions, une évaluation traditionnelle des risques à partir du rapport bénéfices/risques est en la matière impossible. Devant ce qui n'est pas un risque *stricto sensu* mais seulement une *incertitude*, seul le principe de précaution pourrait encore faire autorité, mais il concerne plus l'utilisation à grande échelle d'une technologie éprouvée que son étude expérimentale préalable. Quant à l'objection des compossibles (les possibilités promises par les nombreuses voix transhumanistes ne sont pas toutes réalisables, ni même possibles, conjointement), elle peut facilement être écartée pour la bonne et simple raison que l'union de possibles qui ne sont pas compossibles est, du fait de son impossibilité, totalement inoffensive. Il n'y a aucun risque que les choses qui ne peuvent se réaliser conjointement entrent jamais en conflit.

Réponses aux questions d'éthique et de justice

La question de la nature humaine

A ceux qui craignent que la nature humaine ne soit altérée par toutes sortes de manipulations, et que l'homme, à force de mutations, ne finisse un jour par disparaître pour laisser place à une entité « posthumaine » délivrée de la finitude inhérente à notre espèce, les transhumanistes rétorquent que les anthropotechnologies, loin d'être contre-nature, s'appuient précisément sur ce qui fait le propre de l'homme, *i.e.* sa perfectibilité. Celle-ci autorise et appelle des améliorations qui ne sont ni des curiosités anecdotiques, ni des monstruosités démiurgiques, ni des chimères utopiques, mais simplement le développement des potentialités humaines. En actualisant ces potentialités au moyen d'adjuvants technologiques, en repoussant les limites dans lesquelles la nature humaine semblait confinée, l'anthropotechnologie n'est pas une négation ou un dépassement de l'homme mais son accomplissement ou son optimisation. L'être humain amélioré ou augmenté reste un *être humain*. C'est ainsi que le fondateur du mouvement transhumaniste, Julian Huxley, envisage les choses : « L'homme demeurera l'homme, mais se transcendant en réalisant les possibilités de la nature humaine et à leur avantage »[1]. *Repousser* les limites humaines actuelles, ce n'est pas abolir toute limite, comme si l'on avait fait un saut qualitatif en dehors/au-delà de l'humanité en direction d'une posthumanité. Vivre

---

1. J. Huxley, *New Bottles for new Wine*, Londres, Chatto & Windus, 1957. J. Huxley, *Le transhumanisme*, 1957, trad. fr. par A. Gouilleux, décembre 2014, cette traduction est disponible en ligne : https://iatranshumanisme.com/

en meilleure santé, plus longtemps, avec des capacités plus performantes, ce n'est pas supprimer la condition humaine, c'est tout simplement la rendre plus agréable. Prolonger la durée de l'espérance de vie, ce n'est pas nier la mortalité de l'homme, mais lui permettre de jouir plus longtemps de son existence terrestre. Il serait sans doute utile ici de distinguer deux types d'augmentation : une augmentation relative, qui déploie les potentialités humaines à l'intérieur d'une limite inhérente à notre condition ; une augmentation absolue qui entend dépasser ces limites pour créer un homme nouveau. L'objection des bioconservateurs ne vaut que pour la seconde. « Tant que certaines limitations psychobiologiques à nos capacités et à notre champ d'action sont insurmontables, nous pouvons décréter qu'elles font partie de la nature humaine. Mais dès lors qu'une possibilité concrète de surmonter ces limites apparaît, ces limites deviennent contingentes et en quelque sorte extérieures à notre nature. Le choix de les rejeter ou de les adopter devient nôtre » [1].

N'oublions pas non plus que l'homme s'est toujours entouré d'artefacts (outils, armes, lunettes, prothèses…) pour augmenter ses facultés et mieux lutter contre la nature. Aujourd'hui, les artefacts ne sont plus simplement des adjonctions externes auxquelles l'homme a transféré ses capacités (il confie sa force à la machine, sa mémoire à l'agenda ou ordinateur…), mais des éléments intégrés dans l'organisme. Cette incorporation n'est que l'ultime expression de cette volonté ancestrale d'amélioration qui

---

1. B. Baertschi et A. Mauron, « Qu'est-ce qu'une véritable amélioration ? », *Bioethica Forum*, 4/1, 2011.

a commencé avec l'outil et qui se prolonge aujourd'hui avec les nouvelles technologies.

De nombreux transhumanistes soulignent aussi que la notion de nature humaine, en tant que donnée naturelle, fixe et immuable, est rien moins qu'évidente. Les qualités de l'homme, comme toutes les espèces vivantes, sont parties prenantes de l'*évolution* biologique. Dans la lutte pour la vie, les individus porteurs de mutations génétiques favorables sont les mieux armés; ils survivront plus facilement et se reproduiront en plus grand nombre. Le hasard sans finalité (mutation génétique) et la nécessité aveugle (sélection naturelle favorisant les mutations les mieux adaptées à l'environnement) sont partout les deux grandes lois de l'évolution du vivant, et l'espèce humaine ne fait pas exception. Les qualités qui font de nous des êtres humains ne sont donc pas figées; elles sont le fruit d'une évolution qui a commencé il y a bien longtemps et qui est loin d'être achevée. Reste à savoir si les mutations que l'humanité est appelée à recevoir seront subies, comme elles l'ont été jusqu'à présent, ou choisies, comme les biotechnologies nous en offrent depuis peu les moyens. Faut-il continuer de subir, en tant qu'espèce, les aléas de l'évolution et, à titre individuel, la loterie de l'hérédité? Ou faut-il en prendre le contrôle rationnel pour lui donner l'orientation que l'on jugera préférable? Quelle que soit la réponse apportée à cette formidable question, le projet transhumaniste refuse de se voir opposer le respect absolu d'*une* nature humaine éternelle : « Si la nature humaine n'a rien de sacré (…), il n'y a aucune raison pour ne pas la transformer radicalement » [1]. L'auto-construction de l'humanité pourrait bien être, au demeurant, la mission la

---

1. T. Engelhardt, *Les fondements de la bioéthique, op. cit.*, p. 570.

plus haute et la plus noble : « La nature a achevé toutes ses œuvres, pour l'homme uniquement elle ne mit pas la main et c'est précisément ainsi qu'elle le confia à lui-même. La capacité d'être formée, comme telle, est le caractère propre de l'humanité » [1]. Cette construction de l'homme par l'homme, le transhumanisme entend l'accomplir avec les moyens technologiques les plus sophistiqués pour en faire une évolution autodirigée en direction de l'amélioration.

Cependant, en prenant en main leur propre destin biologique, les hommes ne joueraient-ils pas aux apprentis-sorciers ? En construisant l'homme de demain, les biotechniciens ne se prendraient-ils pas pour Dieu ? On aurait tort de le leur reprocher si le devenir biologique est un processus naturel purement matériel, soumis aux seules lois du hasard et de la nécessité. Rien ne nous interdit d'orienter en notre faveur un mouvement dépourvu de finalité, pourvu que les mutations envisagées s'accomplissent selon les lois de la nature et favorisent le bien-être de la personne humaine. Dans un univers désacralisé entièrement matériel, rien ne nous empêche de lutter contre les imperfections de ce corps que l'évolution darwinienne a construit. Le phénomène n'est d'ailleurs pas entièrement nouveau : depuis l'avènement de la médecine moderne (vaccination à grande échelle, PMA…), le moteur des transformations humaines n'est plus seulement la nature mais aussi l'action humaine. Avec le génie génétique, l'homme peut envisager de remplacer son destin naturel par un devenir maîtrisé et choisi. Et la restriction du pouvoir technologique de

---

1. Fichte, *Fondements du droit naturel selon les principes de la doctrine de la science*, trad. fr. par A. Renaut, Paris, P.U.F., 1984, p. 95.

l'homme, une fois que la nature est désacralisée, ne peut venir que du principe libéral de non nuisance : est licite tout ce qui ne cause pas de tort à autrui, c'est-à-dire tout ce qui ne lui inflige pas de dommage matériel injustifié, tout ce qui ne lui fait pas courir un risque auquel il ne consentirait pas, tout qui ne le prive d'aucun bien rival.

La question de l'équité ou de la justice sociale

En réponse aux inquiétudes relevant de l'équité et la justice sociale, les transhumanistes soulignent que les fonctions humaines ne sont pas des biens rivaux, c'est-à-dire des biens dont la possession par une personne en réduit la disponibilité pour les autres. Les facultés psychiques (intelligence, imagination, mémoire, attention…) ne sont pas des biens extérieurs dont la quantité et la disponibilité seraient limitées. Celui qui bénéficie d'une faculté améliorée ou augmentée ne prive pas les autres de la même jouissance. Il n'y a donc pas ici de préjudice comparable à l'appropriation d'un bien rare qui en supprime la disponibilité.

Quant à ceux qui craignent que l'usage des nouvelles technologies, en raison de leur coût, ne soit réservé à une élite privilégiée et n'accentue les inégalités sociales, on peut répondre que ceux qui bénéficient d'une faculté augmentée peuvent fort bien se rendre socialement utiles et agir en faveur de l'intérêt collectif (défense nationale, recherche scientifique). De plus, toutes les innovations bénéficient d'abord à une minorité avant de se démocratiser progressivement et de se répandre dans la population. Le coût d'une technologie, qui devrait d'ailleurs diminuer au fur et à mesure que sa quantité augmente sur le marché, ne lui retire en rien sa valeur d'usage intrinsèque ; et son effet discriminatoire devrait se réduire progressivement. Ajoutons enfin que toutes ces difficultés inhérentes à l'apparition d'une nouvelle technologie pourront facilement être écartées ou du moins réduites dans un système politique libéral soucieux de justice distributive.

La question de l'eugénisme et de l'instrumentalisation

Les manipulations génétiques, rebaptisées pour l'occasion « design » par certains libéraux et par certains gynécologues autoproclamés « designer de bébés », sont sans doute le point le plus délicat, car elles impliquent une intrusion dans le matériel biologique d'un autre sujet en devenir (l'enfant à naître). Avec elles, nous sortons donc de la sphère privée et du rapport de soi à soi pour nous engager sur le terrain des relations interindividuelles impliquant les parents/leur progéniture et les biotechniciens prestataires de service. C'est pourquoi, en la matière, l'argument libéral du droit à disposer librement de son corps n'est plus décisif. La liberté individuelle, qui autorise des actions sur mon propre corps, ne saurait justifier une intervention sur le corps d'autrui, tout simplement parce que le consentement éclairé du destinataire de l'intervention génétique, qui n'est pas encore né, est exclu. Ce qui était vécu, dans la sphère personnelle, comme un droit, pourrait même devenir, dans la sphère interpersonnelle [1], une ingérence. Nous réservons l'analyse de cette épineuse question pour la deuxième partie [2].

1. Même si la question du statut ontologique du vivant humain avant la naissance – personne en devenir, sujet de droit, ou simple « matériau » vivant – reste ouverte.

2. *Cf.* Texte 2, « L'eugénisme libéral », p. 93 *sq.*

La question de la distinction
entre deux types de médecine

A ceux qui leur reprochent de promouvoir une médecine d'amélioration éloignée de sa destination « naturelle », les transhumanistes répondent que, depuis l'avènement de la contraception chimique et de la chirurgie plastique, la frontière entre l'amélioration et la thérapie ne cesse de rétrécir, d'autant plus que les moyens techniques sollicités sont partout strictement identiques. Les moyens de soigner sont aussi des moyens d'améliorer; et d'aucuns parlent même de « traitement ambigu » chaque fois qu'une thérapie améliore les performances des déficients au point de les hisser à un niveau supérieur à la moyenne. La Ritaline permet aussi bien de soigner les troubles attentionnels et l'hyperactivité que de « booster » les performances cognitives. Les prothèses mammaires ne réparent pas seulement les dommages d'une mastectomie, elles répondent aussi à des soucis esthétiques. La distinction entre thérapie et amélioration est plus que jamais mise à mal par l'avènement des biotechnologies. À partir d'une connaissance du génome de l'embryon, la bio-ingénierie permet de « couper-coller » des fragments d'ADN afin d'éradiquer les maladies génétiques. Or cette technique du Cas 9 (*CRISPR associated protein 9*) permet aussi d'identifier les gènes prédisposant à des maladies. Leur suppression relèverait-elle alors de la thérapie, puisqu'il s'agit d'éviter une pathologie potentielle, ou de l'amélioration, puisque le sujet qui court un risque potentiel ne souffre alors d'aucune maladie réelle? Et que dire de cette personne atteinte de la maladie de Parkinson qui constate que l'augmentation de la puissance du courant électrique des implants cérébraux destinés à améliorer le contrôle de ses mouvements lui procure aussi une sensation de bien-être ? Où finit la simple restauration d'une fonction altérée et où commence l'amélioration ? Amélioration que le médecin, sans doute conservateur, a tenu pour suspecte puisqu'au moment du réglage de l'appareillage il a privilégié le niveau correctif minimal qui efface les symptômes de tremblement par la restauration d'un contrôle musculaire non accompagné d'une sensation de plaisir. Peut-être aurait-il eu moins de scrupule à renforcer le bien-être de son patient, au-delà de la prestation strictement thérapeutique, s'il s'était appuyé sur la nouvelle définition du concept de « santé » par l'OMS en 1946 : celle-ci n'est plus définie négativement et localement comme l'absence de maladie et d'infirmité, mais, positivement et globalement, comme « un état de complet bien-être physique, mental et social ». Depuis que le bien-être global de la personne est partie intégrante de la santé, bon nombre de pratiques amélioratrices (chirurgie esthétique, prescriptions contraceptives…) appartiennent de plein droit au domaine médical sans que personne, ou presque, n'y trouve à redire.

La question de la valeur morale personnelle

On reprochait aussi aux anthropotechnologies de réduire la valeur morale personnelle en apportant un rehaussement fonctionnel artificiel (meilleure mémoire, meilleure attention, meilleure endurance…) sans aucun contribution personnelle de la part de son bénéficiaire. Au lieu d'être l'agent actif de son propre développement par la culture de ses dons naturels, l'individu ne serait plus que le consommateur passif d'une prestation techno-logique. C'est oublier que les limites humaines, loin d'être abolies, sont seulement repoussées un peu plus loin, et qu'un effort reste encore de rigueur, en complément des adjuvants techniques, pour maintenir les capacités à un niveau supérieur (le dopage sportif n'a pas supprimé l'entraînement, ni le dopage cognitif les études). Si l'exploration de la Lune a exigé un appareillage artificiel du corps humain extrêmement sophistiqué, elle n'en a pas pour autant réclamé moins d'efforts, physiques et intellectuels, de la part des astronautes. C'est pourquoi il est vain de dénigrer une activité sous prétexte qu'elle mobilise des artifices. D'autant plus que celui qui jouit d'une heureuse constitution naturelle n'a pas non plus de mérite à conserver ce que la nature lui a donné à la naissance (c'est précisément en s'appuyant sur l'idée que nous n'avons aucun mérite à hériter de dons naturels obtenus sans efforts, que J. Rawls en conclu que, dans un souci de justice, les bénéfices que nous en tirons, notamment en termes de revenus, devraient être redistribués).

La neuro-amélioration est souvent la cible des critiques bioconservatrices : on lui reproche d'être une activité *artificielle* favorisant la *tricherie* au détriment du *mérite*. Ces griefs sont infondés. D'abord, sur un plan strictement juridique, l'accusation de « tricherie » ne tient pas là où il n'y a aucune règle interdisant la consommation de produits dopants (café, stimulants, neuro-médicaments...). L'obtention d'une amélioration artificielle n'en demeure-t-elle pas néanmoins injuste d'un point de vue moral ? Il est vrai que son bénéficiaire jouit d'un privilège par rapport à tous ceux qui ne sont pas améliorés. Pour autant, cela ne fait pas de lui un « tricheur » tant que la prestation technologique dont il a bénéficié est accessible à tous, qu'il ne ment pas sur l'origine de ses performances et que le bénéfice obtenu n'est pas un *bien rival* (une mémoire augmentée ou améliorée n'est pas un produit de moins sur le marché qui ne serait plus disponible une fois qu'une personne l'a obtenu). Le problème de justice ne s'applique qu'aux situations concurrentielles : si la mémoire et les autres facultés mentales ne sont pas, en tant que telles, des biens rivaux, les biens qu'elles permettent d'obtenir (diplôme, emploi…) peuvent néanmoins le devenir ; et, dans ce cas, le bénéficiaire d'une amélioration réduit de fait la quantité de diplômes ou d'emplois disponibles, au détriment de ses concurrents.

La question du *mérite* ne résiste pas non plus longtemps à l'analyse. Les bioconservateurs estiment qu'un succès n'a de valeur morale qu'à la condition d'être l'aboutissement d'un travail personnel ; dans ce cas, et seulement dans ce cas, il témoigne d'un mérite proportionnel à l'investissement fourni. Le progrès obtenu par l'exercice des qualités personnelles aurait donc plus de valeur que l'amélioration apportée par des artifices. Mais faut-il nécessairement dénigrer le but et mépriser l'agent, sous prétexte que l'effort est moindre ? La tenue d'un agenda pour soutenir la mémoire ou l'utilisation d'une loupe pour faciliter la vision de près doivent-ils faire l'objet d'un reproche moral sous prétexte qu'ils facilitent artificiellement notre vie et réclament de notre part moins d'efforts ? Ne serait-il pas dès lors absurde de se priver d'un médicament qui nous redonnerait une mémoire performante au motif qu'il s'agit là d'un bénéfice obtenu passivement ? Loin d'être déprécié, un objectif facilement atteint, sans effort ni souffrance, ne témoigne-t-il pas plutôt de l'intelligence humaine ? Se priver de tous les progrès technologiques et privilégier, dans le domaine de la santé et du travail, des méthodes plus longues et plus pénibles au motif qu'elles sont naturelles, ne manifeste-t-il pas un culte étrange de la souffrance et de l'inefficacité?

Les bioconservateurs valorisaient également le *naturel* au détriment de l'*artificiel*. Une amélioration serait légitime quand elle passe par des moyens naturels (café), illégitime quand elle fait appel à des moyens artificiels (neuro-médicaments). Or, l'évaluation morale de l'action humaine à partir des catégories du *naturel* et de l'*artificiel* manque de pertinence : il existe de « mauvaises » choses naturelles (les produits naturels toxiques) et de « bonnes » choses artificielles (les prothèses, les vaccins, les médicaments, la césarienne…). Et l'action qui s'accomplit efficacement avec des artifices n'a pas moins de valeur morale que celle qui emprunte des voies naturelles plus tortueuses : pour sauver quelqu'un de la noyade, il serait stupide de délaisser la bouée et de sauter à l'eau sans accessoires sous prétexte que la deuxième méthode est plus naturelle que la première! En situation d'urgence, c'est la méthode la plus rapide et la plus efficace qui est la meilleure. De même, il serait bien étrange de refuser les améliorations que la médecine apporte aux personnes âgées dans les domaines du traitement de la douleur et des signes du vieillissement sous prétexte que celui-ci est un phénomène naturel et qu'en ralentir les effets serait « contre-nature ».

La question de la vie bonne ou du bonheur

Les bioconservateurs émettaient de sérieuses réserves à l'égard de la conception morale de la vie bonne et du bonheur qui préside à l'idéologie transhumaniste, celle d'une existence entièrement dédiée à la recherche du bien-être personnel. L'individu en quête d'amélioration croit vivre de manière libre et authentique, alors qu'il n'est que le jouet de ses caprices et la victime consentante de la société de consommation qui l'incite à vouloir toujours plus en lui proposant toujours plus. La réponse transhumaniste est simple. En l'absence de critère objectif et universel définitif, les conceptions de la vie bonne ont toujours été extrêmement diverses. C'est pourquoi un État libéral doit reconnaître à chacun le droit de mener son existence comme il l'entend, selon sa propre vision du bonheur individuel, dans la mesure où il ne fait de tort à personne. La chirurgie de réassignation sexuelle, par exemple, est justifiée au nom du « droit de définir sa propre identité voire de la changer, de s'autodéterminer, de disposer de son corps et d'occuper la place que l'on souhaite dans la société tant que l'on ne nuit à personne » [1]. Et si d'aventure l'individu s'inflige volontairement un dommage dont il est le seul à pâtir (pour expier une faute, pour éprouver sa résistance physique et sa force de caractère, pour en tirer un plaisir masochiste, pour entreprendre une démarche « artistique » ou une expérimentation scientifique), le libéral, quand bien même il désapprouverait un tel acte, le tolérera, au nom de la liberté de disposer de son corps. Cela vaut pour toutes les transformations consenties, même celles qui pourraient apparaître comme objectivement dommageable à bien des égards (dopage physique et cognitif, addiction pharmaceutique, performances artistiques extrêmes, pratiques sadomasochistes solitaires…), dans la mesure où elles participent d'une

---

1. S. Vranckx, « Transsexualisme et transgenre », *Encyclopédie*, p. 176.

vision personnelle de l'existence humaine et n'infligent aucun préjudice à autrui. Tel est du moins le grand principe libéral posé par J. S. Mill : quant à « ce qui ne concerne que lui [l'individu], son indépendance est, de droit, absolue. Sur lui-même, sur son corps et son esprit, l'individu est souverain » [1].

Réponses aux questions métaphysiques

L'évolution naturelle

Le courant bioconservateur s'oppose aux transformations technologiques du vivant au nom de la sacralisation d'un ordre *naturel immuable* : si la nature fait toujours pour le mieux, si l'organisation naturelle du vivant est, pour des raisons intrinsèques ou extrinsèques (elle reflète la bonté de son Créateur), optimale, tout ce qui s'en écarte est par principe un dommage d'autant plus grand qu'il s'éloigne de son modèle naturel. C'est oublier que le monde du vivant est en perpétuelle *évolution*, sous le double règne du hasard (mutation) et de la nécessité (sélection naturelle). C'est pourquoi on aurait tort de prendre la structure *actuelle* des organismes vivants, avec son lot d'imperfection (maladies héréditaires), pour un modèle normatif absolu dont il ne faudrait s'écarter à aucun prix. En dehors des risques potentiels que l'on pourrait faire courir à l'homme pris individuellement ou collectivement, il n'y a, à vrai dire, aucune raison *objective* de subir l'évolution en s'interdisant de l'infléchir dans une direction qui nous semble meilleure – ce que l'humanité, au demeurant, n'a jamais cessé de faire à travers son mode d'alimentation, de locomotion,

---

1. J. S. Mill, *De la liberté, op. cit.*, Introduction, p. 75.

d'habitat, de reproduction, de soins, etc. –. En s'appuyant sur la théorie évolutionniste du vieillissement de G.C. Williams, et considérant que notre corps est un support à la disposition du génome germinal, Richard Dawkins et Miroslav Radman revendiquent même le droit humain de se révolter contre notre destin génétique qui nous inflige la pire des servitudes en programmant le vieillissement des cellules vivantes après la période de reproduction.

La nature est au-delà du bien et du mal

Il n'est pas non plus certain que l'ordre naturel soit intrinsèquement « bon » et « parfait », et que la technique soit *a contrario* contre-nature et foncièrement « mauvaise », parce qu'elle transgresserait une normativité éthique inhérente à la nature. Les événements naturels ne sont pas tous nécessairement « bons » pour l'homme (cataclysmes, maladies…); les artifices (césarienne, naissance médicalement assistée, vaccins, antibiotiques…) ne sont pas tous nécessairement « mauvais » ou moins « bons » que les processus naturels. « Les procédés technologiques mis en œuvre par l'espèce humaine (surveillance prénatale, chirurgie obstétrique, antibiotiques, transfusions sanguines, couveuses…) ont permis à un grand nombre d'entre nous de naître et de rester en vie (…). En tant que telle, une bonne partie de la population humaine actuelle est déjà largement un artefact technologique »[1]. Comme l'enseigne le mythe de Prométhée qui voit dans la technique le salut de l'humanité, et comme le répéteront des philosophes comme Hume (*Traité de la nature humaine*) et Mill (*La*

---

1. G. Chapouthier, « Evolution », dans *Encyclopédie*, p. 291.

nature) [1], la nature n'a pas été généreuse envers l'homme, cet être chétif et vulnérable face aux prédateurs, aux maladies, au climat et aux intempéries. C'est pourquoi on aurait tort de prétendre que le cours naturel des choses est parfaitement bon et que toute intervention humaine est au mieux inutile, puisqu'il n'y a rien à améliorer, au pire nuisible, puisqu'en modifiant ce qui est intrinsèquement parfait on ne peut éviter de le détériorer. Les conditions naturelles de l'existence humaine sont si peu satisfaisantes que les hommes ont bien légitimement entrepris de résister aux forces naturelles hostiles, par l'union des forces individuelles, et d'améliorer leur sort par un travail collectif acharné, enfreignant ainsi le commandement de suivre la nature. *A contrario*, la sacralisation de la nature conduit paradoxalement à déprécier le travail de l'humanité au point de ne voir en lui qu'un outrage ou un sacrilège : en dehors des motivations instinctives qui font partie intégrante de l'ordre spontané de la nature et qui orientent l'être vivant vers les biens naturels répondant à ses besoins, tous les projets humains et toutes les opérations techniques (agricoles, vestimentaires, architecturales) dans lesquelles ils se manifestent apparaissent comme une violation de l'ordonnancement naturel des choses, une atteinte à la pureté et à la perfection de la nature. L'éthique ferait mieux de se débarrasser de ces préjugés métaphysiques absurdes, au nom de la survie de l'espèce humaine et de sa dignité. Pour lutter contre les puissances naturelles hostiles, pour écarter tous les dangers qui se dressent devant elle dans un environnement sauvage et inhospitalier, l'humanité a dû compléter ses misérables forces par des artefacts (outils et machines) et

1. Mill, *La nature*, trad. fr. par E. Reus, Paris, La Découverte, 2003.

produire elle-même ce que la nature ne lui a pas apporté (vêtements, habitat, armes…). Et refuser le donné naturel pour infléchir le cours des choses ne s'est pas fait sans violence, puisque, comme le rappelle Mill dans un tableau saisissant, il a fallu construire des ponts pour franchir les rivières, creuser des puits pour trouver de l'eau, fouiller les profondeurs de la terre pour en extraire les ressources cachées, bâtir des moyens de défense pour se protéger de la foudre et des inondations. Sans cette transformation de la nature qui caractérise le travail humain, l'humanité aurait disparu depuis bien longtemps, à l'instar de ces espèces vivantes qui dans le passé n'ont pas survécu à des cataclysmes de grande ampleur.

De surcroît, parler de la nature en termes de « bien » et de « mal » est inapproprié. En elles-mêmes et par elles-mêmes, les productions naturelles, fruits du hasard et de la nécessité, ne sont ni bonnes ni mauvaises. Leur valeur morale dépend de notre point de vue anthropocentrique : est « bon » ce qui favorise l'espèce humaine, « mauvais » ce qui va à l'encontre de ses intérêts. Un cataclysme naturel est « bon », de notre point de vue, quand il nous débarrasse d'animaux nuisibles ou détruit un obstacle ; il est « mauvais » quand il décime des vies humaines. Mais les phénomènes naturels n'ont aucune valeur morale intrinsèque, puisqu'ils répondent à une nécessité aveugle dépourvue d'intention. Les vies détruites par un cataclysme naturel ne le sont pas volontairement mais fortuitement ; et les hommes ne peuvent s'en prendre qu'à eux-mêmes s'ils ont choisi de s'implanter sur une zone géographique à risque et courent le risque de s'y maintenir.

*L'*Homo faber *a pour vocation de se transformer*

L'organisme humain ne saurait échapper à l'action techniciste. L'homme peut aussi bien intervenir sur son environnement naturel que sur son propre corps qui fait lui-même partie de la nature. D'abord pour le soigner, le réparer, l'embellir et le fortifier (médecine, diététique, culture physique, médicaments, vaccins…), mais aussi pour en améliorer/augmenter les capacités naturelles. Les artefacts dont les hommes se sont entourés (outils, machines) sont aujourd'hui incorporés (implants, neuro-médicaments) à la surface ou à l'intérieur du corps. De nombreux êtres humains, souligne B. Baertschi, « incorporent une certaine artificialité, soit dans leur constitution (ils ont des prothèses ou des stimulateurs – pensons ou pacemakers – incorporés à leur personne), soit dans leur genèse (ils sont le fruit d'une PMA ou procréation artificielle) »[1]. Cette incorporation réduit de plus en plus la distinction entre le naturel et l'artificiel ; et les normes morales qui lui étaient associées (le naturel est bon et pur, l'artificiel mauvais et impur) n'ont plus guère de sens. Descartes soulignait déjà l'homogénéité des lois de la nature : les productions naturelles spontanées et les inventions humaines artificielles, les organismes vivants et les machines (automates), obéissent exactement aux mêmes lois ; et les différences qui les séparent ne sont pas qualitatives mais quantitatives (échelle de grandeur) :

> *Je ne reconnais aucune différence entre les machines que font les artisans & les divers corps que la nature seule compose,* sinon que les effets des machines ne dépendent que de l'agencement de certains tuyaux, ou ressorts, ou autres instruments, qui, devant avoir quelque proportion avec les mains de ceux qui les font,

---

1. B. Baertschi, « Vie artificielle », dans *Encyclopédie*, p. 188.

sont toujours si grands que leurs figures et mouvements se peuvent voir, au lieu que les tuyaux ou ressorts qui causent les effets des corps naturels sont ordinairement trop petits pour être aperçus de nos sens [1].

La circulation du sang dans le corps humain répond aux mêmes lois physiques (mécaniques) que le mouvement à l'intérieur d'une horloge (et celui-là n'est pas moins « naturel » que celle-ci) :

> Ce mouvement, que je viens d'expliquer, suit aussi nécessairement de la seule disposition des organes qu'on peut voir à l'œil dans le cœur, & de la chaleur qu'on y peut sentir avec les doigts, & de la nature du sang qu'on peut connaître par expérience, que fait celui d'une horloge, de la force, de la situation, & de la figure de ses contrepoids & de ses roues [2].

Robert Boyle souligne également l'identité ontologique du naturel et de l'artificiel : « Je ne vois pas pourquoi tout ce que le feu des chimistes produit devrait être considéré comme des corps artificiels, quelque chose de non naturel, puisque le feu, qui est le grand agent de ces changements, ne cesse pas, en étant employé par des chimistes, de fonctionner comme un agent naturel » [3]. Le verre artificiellement obtenu en chauffant de la silice (donc par l'action des forces de la nature) est structurellement et ontologiquement le même que celui qui est produit naturellement par la chaleur dans la

---

1. Nous soulignons. Descartes, *Œuvres*, (désormais AT IX), Paris, Vrin, 1996, p. 321 *sq.*
2. AT VI, p. 50.
3. R. Boyle, « The origin of forms and qualities », in *The Works of the Honourable Robert Boyle*, t. 3, London, J. and F. Rivington, 1666, p. 51.

cheminée du volcan. Les molécules de synthèse et celles qui sont extraites de sources végétales ou animales ont la même structure et la même composition. Et quand les biotechnologies se proposent de recombiner les éléments chimiques de la matière vivante, elles procèdent selon les mêmes lois et exploitent les mêmes forces que la nature. Cette identité ontologique du naturel de l'artificiel autorise l'intervention technologique (modification, correction, fabrication) en même temps qu'elle efface la hiérarchie morale entre naturel et artificiel.

L'identité ontologique de la matière a pour corollaire l'identité de nature de tous les types de changements. Les changements dont l'homme a l'initiative sont, comme les changements naturels, obtenus au moyen d'une modification des propriétés des corps sous l'action des forces naturelles. Que le verre soit produit par la nature ou par l'homme, il répond aux mêmes lois naturelles; que le génome soit modifié par la nature (mutation) ou par l'homme (ingénierie), il répond aux mêmes lois naturelles; et chaque fois les changements surviennent sous l'effet de l'action d'une cause naturelle. L'identité ontologique du naturel et de l'artificiel, ainsi que l'identité de nature de tous les types de changement, témoignent d'une profonde homogénéité à l'intérieur du monde des corps. Depuis le XVIIe siècle, la science moderne nous a familiarisés avec cette profonde homogénéité, même si nous avons parfois du mal à nous départir de la vieille et rassurante distinction entre le naturel et l'artificiel et du système normatif qui l'accompagne.

L'amélioration à laquelle l'humanité a de tout temps aspiré et à laquelle les cultures des différentes civilisations, depuis des millénaires, ont consacré tous leurs efforts passe désormais par un remodelage matériel du corps humain que Condorcet, au nom de la perfectibilité humaine, appelait de ses vœux, et que les biotechnologies ont rendu possible. Reste un verrou psychologique (la crainte des risques et la peur des dérives) que les arguments transhumanistes finiront peut-être par faire sauter. Cependant, un certain malaise persiste à propos des modifications imposées, avant la naissance, au patrimoine génétique d'un autre être. Ces interventions sur l'embryon, qui bouleversent notre conception « naturaliste » ancestrale de la génération et de la natalité, sont-elles tout autant légitimes que l'auto-transformation technologique de l'adulte consentant et éclairé ? Les arguments libéraux s'appliquent-il encore ici, quand il n'est plus question de son propre corps achevé mais du corps d'autrui en devenir ? Les manipulations génétiques à visée non thérapeutique (appelées parfois « design » génétique) sont-elles compatibles avec le respect de l'autonomie de la personne humaine et le principe de non-nuisance ? En modifiant le génome de leurs enfants, les parents ne risquent-ils pas de devenir des démiurges tout puissants aux responsabilités démesurées, et leur progéniture des créatures totalement subordonnées au dessein qui a présidé à leur reconfiguration ? Ces inquiétudes métaphysiques inédites, M. J. Sandel, à la suite de J. Habermas, les aborde frontalement afin de soumettre l'eugénisme libéral, fer de lance des transhumanistes, à une évaluation morale qui interroge les transformations apportées sans consentement préalable à un corps étranger en construction.

TEXTES ET COMMENTAIRES

TEXTE 1

CONDORCET

La perfectibilité humaine [1]

Toutes ces causes du perfectionnement de l'espèce humaine, tous ces moyens qui l'assurent, doivent, par leur nature, exercer une action toujours active, et acquérir une étendue toujours croissante. Nous en avons exposé les preuves, qui, dans l'ouvrage même, recevront par leur développement, une force plus grande ; nous pourrions donc conclure déjà, que la perfectibilité de l'homme est indéfinie ; et cependant, jusqu'ici, nous ne lui avons supposé que les mêmes facultés naturelles, la même organisation. Quelles seraient donc la certitude, l'étendue de ses espérances, si l'on pouvait croire que ces facultés naturelles elles-mêmes, cette organisation, sont aussi susceptibles de s'améliorer, et c'est la dernière question qu'il nous reste à examiner.

La perfectibilité ou la dégénération organiques des races dans les végétaux, dans les animaux, peut être regardée comme une des lois générales de la nature. Cette loi s'étend à l'espèce humaine, et personne ne doutera sans doute, que les progrès dans la médecine

---

1. Condorcet, *Esquisse d'un tableau historique des progrès de l'esprit humain*, « 10ᵉ époque – Des progrès futurs de l'esprit humain », *op. cit.*, p. 293-296.

conservatrice, l'usage d'aliments et de logements plus sains, une manière de vivre qui développerait les forces par l'exercice, sans les détruire par des excès; qu'enfin, la destruction des deux causes les plus actives de dégradation, la misère et la trop grande richesse, ne doivent prolonger, pour les hommes, la durée de la vie commune, leur assurer une santé plus constante, une constitution plus robuste. On sent que les progrès de la médecine préservatrice, devenus plus efficaces par ceux de la raison et de l'ordre social, doivent faire disparaître à la longue les maladies transmissibles ou contagieuses, et ces maladies générales qui doivent leur origine aux climats, aux aliments, à la nature des travaux. Il ne serait pas difficile de prouver que cette espérance doit s'étendre à presque toutes les autres maladies, dont il est vraisemblable que l'on saura un jour reconnaître les causes éloignées. Serait-il absurde, maintenant, de supposer que ce perfectionnement de l'espèce humaine, doit être regardé comme susceptible d'un progrès indéfini, qu'il doit arriver un temps où la mort ne serait plus que l'effet, ou d'accidents extraordinaires, ou de la destruction de plus en plus lente des forces vitales, et qu'enfin la durée de l'intervalle moyen entre la naissance et cette destruction, n'a elle-même aucun terme assignable? Sans doute l'homme ne deviendra pas immortel, mais la distance entre le moment où il commence à vivre, l'époque commune où naturellement, sans maladie, sans accident, il éprouve la difficulté d'être, ne peut-elle s'accroître sans cesse? Comme nous parlons ici d'un progrès susceptible d'être représenté avec précision, par des quantités numériques ou par des lignes, c'est le moment où il convient de développer les deux sens dont le mot *indéfini* est susceptible.

En effet, cette durée moyenne de la vie qui doit augmenter sans cesse, à mesure que nous enfonçons dans l'avenir, peut recevoir des accroissements, suivant une loi telle, qu'elle approche continuellement d'une étendue illimitée, sans pouvoir l'atteindre jamais; ou bien suivant une loi telle, que cette même durée puisse acquérir, dans l'immensité des siècles, une étendue plus grande qu'une quantité déterminée quelconque qui lui aurait été assignée pour limite. Dans ce dernier cas, les accroissements sont réellement indéfinis dans le sens le plus absolu, puisqu'il n'existe pas de borne, en deçà de laquelle ils doivent s'arrêter.

Dans le premier, ils le sont encore par rapport à nous, si nous ne pouvons fixer ce terme, qu'ils ne peuvent jamais atteindre, et dont ils doivent toujours s'approcher; surtout si, connaissant seulement qu'ils ne doivent point s'arrêter, nous ignorons même dans lequel de ces deux sens le terme d'indéfini leur doit être appliqué; et tel est précisément le terme de nos connaissances actuelles, sur la perfectibilité de l'espèce humaine, tel est le sens dans lequel nous pouvons l'appeler indéfinie.

Ainsi, dans l'exemple que l'on considère ici, nous devons croire, que cette durée moyenne de la vie humaine doit croître sans cesse, si des révolutions physiques ne s'y opposent pas; mais nous ignorons quel est le terme qu'elle ne doit jamais passer; nous ignorons même si les lois générales de la nature en ont déterminé un au-delà duquel elle ne puisse s'étendre.

Mais les facultés physiques, la force, l'adresse, la finesse des sens, ne sont-elles pas au nombre de ces qualités dont le perfectionnement individuel peut se transmettre? L'observation des diverses races d'animaux domestiques doit nous porter à le croire, et nous pourrons les confirmer par des observations directes faites sur l'espèce humaine.

Enfin, peut-on étendre ces mêmes espérances jusque sur les facultés intellectuelles et morales ? Et nos parents, qui nous transmettent les avantages ou les vices de leur conformation, de qui nous tenons, et les traits distinctifs de la figure, et les dispositions à certaines affections physiques, ne peuvent-ils pas nous transmettre aussi cette partie de l'organisation physique, d'où dépendent l'intelligence, la force de tête, l'énergie de l'âme ou la sensibilité morale ? N'est-il pas vraisemblable que l'éducation, en perfectionnant ces qualités, influe sur cette même organisation, la modifie et la perfectionne ? L'analogie, l'analyse du développement des facultés humaines, et même quelques faits, semblent prouver la réalité de ces conjectures, qui reculeraient encore les limites de nos espérances.

COMMENTAIRE

Ce texte aborde trois questions essentielles : la *perfectibilité* de l'humanité, le caractère *indéfini* de cette perfectibilité et son caractère *réel*.

LA *PERFECTIBILITÉ* DE L'HUMANITÉ

Le projet cartésien d'une maîtrise technoscientifique de la nature extérieure et intérieure (les corps qui nous environnent et le corps humain) se traduit au XVIIIe siècle par un programme d'amélioration générale de l'homme dont les philosophes des Lumières soulignent la perfectibilité. Condorcet et Rousseau en sont les principaux chantres. A la différence de l'animal dont l'instinct est borné, les facultés humaines sont des prédispositions qui attendent d'être développées et cultivées dans un mouvement de progrès permanent qui ne semble pas avoir de terme prédéfini. Écoutons d'abord Rousseau : « Il y a une autre qualité très spécifique qui les distingue [l'homme et l'animal] (…), c'est la faculté de se perfectionner ; faculté qui, à l'aide des circonstances, développe successivement toutes les autres, et réside parmi nous tant dans l'espèce que dans l'individu, au lieu qu'un animal est, au bout de quelques mois, ce qu'il sera toute sa vie, et son espèce, au bout de mille ans, ce qu'elle était la première année de ces mille ans » [1]. Il y a toutefois un point de divergence entre Condorcet et Rousseau qui vaut la peine d'être signalé. Le premier est animé d'un espoir et d'un optimisme sans failles quant à l'avenir de la culture humaine :

> Nous trouverons, dans l'expérience du passé, dans l'observation des progrès que les sciences, que la civilisation ont faits jusqu'ici, dans l'analyse de la marche de l'esprit humain et du développement de ses facultés, les motifs les plus forts de croire que la nature n'a mis aucun terme à nos espérances [à propos de l'amélioration de l'espèce humaine] [2].

Rousseau, en revanche, dévalorise la culture au profit de la nature, et souligne avec une certaine amertume que l'imbécilité, qui résulte de l'affaiblissement inexorable des facultés humaines au cours de la vieillesse, est la rançon individuelle de la perfectibilité humaine :

> Pourquoi l'homme seul est-il sujet à devenir imbécile ? N'est-ce point qu'il retourne ainsi dans son état primitif, et que, tandis que la bête, qui n'a rien acquis et qui n'a rien non plus à perdre, reste toujours avec son instinct, l'homme reperdant par la vieillesse ou d'autres accidents tout ce que sa perfectibilité lui avait fait acquérir, retombe ainsi plus bas que la bête elle-même ? Il serait triste pour nous d'être forcés de convenir, que cette faculté distinctive, et presque illimitée, est la source de tous les malheurs de l'homme [3].

---

1. Rousseau, *Discours sur l'origine et les fondements de l'inégalité parmi les hommes* (désormais cité *Discours*), Paris, GF-Flammarion, 2008, 1 [re] partie, p. 79-80.

2. Condorcet, *Esquisse*, p. 267. C'est nous qui soulignons.

3. Rousseau, *Discours*, p. 80.

La perfectibilité humaine, qu'elle se solde par une amélioration de l'individu et de l'espèce (Condorcet) ou par une déchéance individuelle (Rousseau), appelle donc de notre part un effort collectif et individuel : il s'agit de développer les facultés naturelles qui ne sont au départ que de simples potentialités attendant d'être sollicitées et exercées pour améliorer leurs performances et s'accomplir pleinement. Les penseurs du XVIIIe siècle refusent de considérer le corps humain comme une donnée naturelle sur laquelle les hommes, dans le respect de la volonté divine et/ou des lois de la nature, n'auraient qu'une marge d'intervention limitée. Sensibles aux énormes potentialités de l'organisme humain, ils exhortent l'humanité à se dépasser physiquement, intellectuellement et moralement. Cela exige de sa part un « travail » des facultés, une « culture » des talents, tant sur le plan individuel que collectif.

Pour accomplir cette tâche, les hommes disposent de nombreux moyens. Condorcet les évoque au tout début du texte quand il parle des « causes du perfectionnement de l'espèce humaine » ou des « moyens qui assurent » son amélioration. Les hommes ont d'abord fait appel à des techniques de transformation *matérielle*, distinctes des procédés *symboliques* qui ont pour seul vecteur le langage ou autre système de signes (mathématiques). Il s'agit des outils et machines qui viennent compléter ou remplacer certaines parties du corps ; de la médecine, associée à l'hygiène et la diététique, qui lutte contre les maladies et augmente du même coup l'espérance de vie ; et enfin de la culture physique, qui développe nos potentialités corporelles (force, souplesse, endurance, rapidité). A cet égard, quand il évoque « une manière de vivre qui développerait les forces par l'exercice, sans les détruire par des excès », Condorcet rejette au passage, en raison de son caractère nuisible, le dopage, *i. e.* les techniques, parfois ancestrales, destinées à augmenter certaines performances par l'absorption de substances naturelles ou artificielles. La notion de *culture physique* – l'expression « éducation physique » apparaît en 1762 sous la plume du médecin Ballexserd – s'inscrit parfaitement dans le projet d'amélioration de l'espèce humaine des Lumières. La perfectibilité de l'homme concerne en effet au premier chef le corps humain : les capacités physiques sont des potentialités naturelles qui doivent être exploitées. C'est précisément le rôle de la « culture » physique en général et, en particulier, du sport qui vise l'optimisation des performances physique. En elle-même, l'idée d'un dépassement de soi dans une compétition est bénéfique, car elle vise à rendre l'homme « meilleur », ou du moins plus « performant », et renforce la motivation par l'émulation. Cependant, la recherche aveugle d'une performance à tout prix, la volonté acharnée de reculer sans cesse les limites corporelles, conduit à des « excès » que condamne déjà Condorcet. La compétition acharnée et les enjeux financiers exercent aujourd'hui une telle pression sur l'athlète qu'il se sent presque « obligé » de recourir à tous les moyens pour rester compétitif, quitte à mettre sa santé et sa vie en danger.

Le développement des facultés humaines passe aussi par le travail proprement dit, qui est également « une manière de vivre qui développerait les forces par l'exercice ». Car, comme le montre Marx dans le *Capital* [1], c'est en transformant la nature extérieure et en donnant aux matières naturelles une forme utile à sa vie

---

1. Livre I, 3e section, chapitre VII.

que l'homme a pu éveiller les facultés qui sommeillaient en lui : force, endurance, agilité et rapidité sollicitées par la lutte pour la vie ; mais aussi intelligence et imagination exigées par l'invention et la confection des outils. En modifiant la nature pour répondre à ses besoins, l'homme transforme également sa propre nature : il développe ou cultive, par l'exercice physique et psychologique, toutes ses facultés corporelles et mentales. Toutefois, le travail accompli dans et sur la nature n'est pas non plus à l'abri de certains « excès » (dopage, exploitation de l'homme par l'homme) ; c'est pourquoi il doit s'accomplir avec modération et dans le respect de la force de travail humaine pour que les capacités ne pâtissent pas d'une surexploitation.

Le développement des capacités humaines passe enfin par l'instruction (apprentissage des sciences, des arts et des lettres) et l'éducation (acquisition d'un savoir-vivre), par quoi l'animal humain acquiert une « culture » au sens le plus noble du terme. L'amélioration n'est alors plus seulement *matérielle* ; elle devient également *symbolique* chaque fois qu'elle s'accomplit par la médiation du langage (langue vernaculaire utilisée pour l'éducation et l'instruction de l'enfant, langue mathématique pour l'expression des connaissances scientifiques).

LE CARACTÈRE *INDÉFINI* DE L'AMÉLIORATION

Toutefois, l'originalité de Condorcet ne réside pas dans sa foi en un progrès général de l'humanité qu'il partage avec ses contemporains et qui caractérise la philosophie des Lumières. Elle tient plutôt à deux hypothèses inédites et audacieuses à propos de la perfectibilité humaine : l'une concerne le caractère *indéfini* de l'amélioration, l'autre son caractère *réel* ou *matériel*.

Chez l'homme, « toutes les (…) facultés [sont] susceptibles d'un perfectionnement *indéfini* »[1]. Au perfectionnement de l'homme la nature ne semble pas avoir fixé de limite ou de terme défini ; ou du moins ce terme, s'il existe, n'est pas connu de nous et demeure donc indéterminé. Mais que faut-il entendre précisément par un « perfectionnement *indéfini* » ? Une certaine ambiguïté pèse sur ce concept, susceptible, dit Condorcet, d'avoir deux sens et donc de recevoir deux interprétations. On peut d'abord imaginer que nos facultés se rapprocheront indéfiniment (asymptotiquement) d'un terme indépassable sans jamais l'atteindre, terme qui serait fixé par la nature mais dont nous ignorons encore la détermination. On peut aussi supposer que les capacités humaines ont devant elles une marge de progression infinie, affranchie de toute limite naturelle : dans cette hypothèse, contre ceux qui leur auraient préalablement assigné une limite arbitraire (égale à *n*), nous pourrions imaginer que les capacités peuvent s'éloigner indéfiniment de ce terme (*n + 1*, *n + 1 + 1*, et ainsi de suite…). Dans ce dernier cas, nous avons affaire à une infinité véritable et absolue (absence de limite). Dans le premier cas, il ne s'agit que d'une indéfinité ou, si l'on veut, d'une infinité asymptotique simplement relative (il y a un terme ou limite dont nous ignorons simplement la détermination). La question se pose à propos de l'espérance de vie :

> Cette durée moyenne de la vie qui doit augmenter sans cesse, à mesure que nous enfonçons dans l'avenir, peut recevoir des accroissements, suivant une loi

1. Condorcet, *Esquisse*, p. 286.

telle, qu'elle approche continuellement d'une étendue illimitée, sans pouvoir l'atteindre jamais ; ou bien suivant une loi telle, que cette même durée puisse acquérir, dans l'immensité des siècles, une étendue plus grande qu'une quantité déterminée quelconque qui lui aurait été assignée pour limite. Dans ce dernier cas, les accroissements sont réellement indéfinis dans le sens le plus absolu, puisqu'il n'existe pas de borne, en deçà de laquelle ils doivent s'arrêter. Dans le premier, ils le sont encore par rapport à nous, si nous ne pouvons fixer ce terme, qu'ils ne peuvent jamais atteindre, et dont ils doivent toujours s'approcher [1].

Le délai entre la naissance et la mort est-il indéfiniment extensible ? Et dans ce cas, l'immortalité *réelle* de l'être humain – par opposition à l'immortalité de l'âme envisagée par les spiritualistes – serait possible. Ou bien y-a-t-il quelque part une limite naturelle, inconnue de nous, que l'on ne franchira jamais mais dont on se rapprochera indéfiniment sans jamais la rejoindre ? Condorcet balance entre ces deux hypothèses : infinité absolue ou infinité (indéfinité) asymptotique simplement relative. Il ne tranche pas définitivement la question :

Nous devons croire, que cette durée moyenne de la vie humaine doit croître sans cesse, si des révolutions physiques ne s'y opposent pas ; mais nous ignorons quel est le terme qu'elle ne doit jamais passer [infinité asymptotique relative] ; nous ignorons même si les lois générales de la nature en ont déterminé un au-delà duquel elle ne puisse s'étendre [extension infinie absolue] [2].

1. Condorcet, *Esquisse*, p. 294-295.
2. *Ibid.*

Condorcet conclut sur la perfectibilité indéfinie de l'homme, sans préciser laquelle des deux acceptions doit finalement être retenue. La question concerne également les performances physiques. Parce qu'il recherche une amélioration *infinie* de la performance, le sport d'élite professionnel contemporain est l'héritier direct de l'olympisme, dont la devise (« *citius, altius, fortius* » [1]) a été reprise par Pierre de Coubertin (« le sport veut plus de vitesse, plus de hauteur, plus de force »). L'important, ce n'est pas de participer mais bel et bien d'être le meilleur et donc de maximiser les performances. Or, l'accélération prodigieuse des connaissances et des progrès techniques nous amène à nous interroger sur les limites des performances physiques. Peut-on accroître indéfiniment nos capacités corporelles ? Les accessoires et adjuvants technologiques dont s'entoure aujourd'hui le sportif professionnel (équipements sophistiqués, préparation biomédicale, exploitation des données biomécaniques, dopage et peut-être un jour prothèse et exosquelette) peuvent donner le sentiment qu'en l'absence de limite naturelle connue, la marge de progression est littéralement infinie. Si l'homme est de plus en plus accompagné par une technologie qui ne cesse de progresser, on peut espérer que les records seront un jour ou l'autre battus et les limites indéfiniment reculées.

LE CARACTÈRE *RÉEL* DE L'AMÉLIORATION

Nous pourrions donc conclure déjà, que la perfectibilité de l'homme est indéfinie ; et cependant, jusqu'ici, nous ne lui avons supposé que les mêmes facultés

---

1. « Plus vite, plus haut, plus fort ».

naturelles, la même organisation. Quelles seraient donc la certitude, l'étendue de ses espérances, si l'on pouvait croire *que ces facultés naturelles elles-mêmes, cette organisation, sont aussi susceptibles de s'améliorer* [1].

Enfin, l'espèce humaine doit-elle s'améliorer (...) par le *perfectionnement réel des facultés* intellectuelles, morales et physiques, qui peut être également la suite, ou de celui des instruments qui augmentent l'intensité et dirigent l'emploi de ces facultés, ou même de celui de *l'organisation naturelle de l'homme ?* [2].

Quand il parle de la « perfectibilité indéfinie » de l'humanité, Condorcet ne songe pas seulement, comme la plupart de ses contemporains, au progrès des connaissances et des principes moraux, c'est-à-dire une amélioration *symbolique* qui passe par l'acquisition d'éléments culturels essentiellement linguistiques. Au-delà d'une amélioration spirituelle et morale dans les idées et les mœurs, Condorcet envisage aussi un « perfectionnement *réel* des facultés intellectuelles, morales et physiques ». On ne pourrait pas parler d'un « *perfectionnement réel* » de l'être humain, si l'on concevait toujours celui-ci avec les mêmes facultés, sans qu'aucune modification matérielle ne soit apportée à son « organisation naturelle ». Avant de nous pencher sur les moyens par lesquels s'accomplit ce perfectionnement *réel*, il faut dire un mot sur son contenu. Pour comprendre ce que recouvre l'expression de « perfectionnement réel », on peut s'appuyer utilement sur Francis Bacon auquel Condorcet lui-même a rendu hommage. A la fin de *La nouvelle Atlantide*, sous le titre « Les Merveilles naturelles, surtout celles qui sont destinées à l'usage

---

1. Condorcet, *Esquisse*, p. 293. Nous soulignons.
2. *Ibid.*, p. 267. Nous soulignons.

humain », le philosophe anglais évoque les prouesses que l'on peut attendre des progrès scientifiques : prolonger la vie, retarder le vieillissement, rendre la jeunesse, diminuer la douleur, mais aussi (et c'est là que commence la transformation réelle de l'homme) transformer le tempérament, la stature, les traits, élever les capacités cérébrales, intensifier les plaisirs sensoriels...

Ce perfectionnement *réel* de l'homme résulte d'abord des progrès techniques dans les outils externes : instruments de travail, instruments d'observation et de mesure, moyens de communication. S'agissant d'abord des outils de travail, Condorcet signale que « les instruments, les machines, les métiers ajouteront de plus en plus à la force, à l'adresse des hommes » [1]. Quant aux instruments d'observation et de mesure, leur amélioration, en même temps qu'elle facilite de nouvelles découvertes, doit permettre l'augmentation de notre sensibilité et de notre attention. S'agissant enfin des outils de communication, Condorcet appelle de ses vœux l'institution d'une langue universelle, propre à exprimer les idées, et, sur le modèle de l'algèbre, un perfectionnement du langage symbolique, susceptible d'éliminer les équivoques des langues naturelles.

> La vigueur, l'étendue réelle des têtes humaines sera restée la même ; mais les instruments qu'elles peuvent employer se seront multipliés et perfectionnés ; mais la langue qui fixe et détermine les idées aura pu acquérir plus de précision, plus de généralité ; mais au lieu que, dans la mécanique, on ne peut augmenter la force qu'en diminuant la vitesse, ces méthodes, qui dirigeront le génie dans la découverte des vérités nouvelles, ont

---

1. Condorcet, *Esquisse*, p. 280.

également ajouté, et à sa force, et à la rapidité de ses opérations [1].

Au-delà de la médiation des instruments, le perfectionnement réel de l'homme passe aussi et surtout par une amélioration de l'ensemble de son organisme (y compris le cerveau, siège des facultés psychiques). Condorcet est un des premiers à envisager une transformation du corps humain, substrat matériel des facultés physiques et mentales. Cette transformation matérielle interne qu'il appelle de ses vœux bien avant le courant transhumaniste, ne se réduit ni aux transformations culturelles *symboliques* qui, à partir de l'apprentissage d'un système de signes, modifient nos idées (acquisition de connaissances, rejet des préjugés) sans affecter le corps, ni à l'adjonction d'adjuvants *externes* (prothèses, outils et autres accessoires) qui viennent compléter le corps sans en modifier réellement la structure matérielle. Avant que la biotechnologie ne réalise les espoirs de Condorcet en impactant « l'organisation naturelle de l'homme », celui-ci comptait déjà sur la médecine et l'hérédité pour développer *réellement*, dans leurs substrats organiques matériels, l'ensemble des facultés, physiques (« la force, l'adresse, la finesse des sens »), intellectuelles (« l'intelligence, la force de tête ») et morales (« l'énergie de l'âme, la sensibilité morale » [2]).

Si les progrès de la médecine contribuent au développement de nos facultés, tant physiques que psychologiques, c'est que les premières dépendent de la constitution du corps et les secondes de l'organisation cérébrale. En intervenant directement sur notre

1. *Ibid.*, p. 278.
2. *Ibid.*, p. 295-296.

organisme, la médecine, associée à l'hygiène, la diététique et la culture physique, impacte réellement la santé, la robustesse et l'espérance de vie de l'être humain, ce qui modifie déjà fortement son organisation naturelle. Les progrès médicaux en matière d'hygiène et de lutte contre les maladies (prophylaxie) permettent d'augurer un accroissement indéfini de l'espérance de vie : « Serait-il absurde, maintenant, de supposer (…) que la durée de l'intervalle moyen entre la naissance et cette destruction n'a elle-même aucun terme assignable ? (…) la distance entre le moment où [l'homme] commence à vivre et l'époque commune où naturellement (…) il éprouve la difficulté d'être, ne peut-elle s'accroître sans cesse ? » [1]. Avant la médecine, l'hérédité a également un rôle à jouer dans le perfectionnement humain par la transmission de certains caractères ou qualités :

> Mais les facultés physiques, la force, l'adresse, la finesse des sens, ne sont-elles pas au nombre de ces qualités dont le perfectionnement individuel peut se transmettre ? L'observation des diverses races d'animaux domestiques doit nous porter à le croire, et nous pourrons les confirmer par des observations directes faites sur l'espèce humaine.
>
> Enfin, peut-on étendre ces mêmes espérances jusque sur les facultés intellectuelles et morales ? Et nos parents, qui nous transmettent les avantages ou les vices de leur conformation, de qui nous tenons, et les traits distinctifs de la figure, et les dispositions à certaines affections physiques, ne peuvent-ils pas nous transmettre aussi cette partie de l'organisation physique [*i.e.* le cerveau], d'où dépendent l'intelligence, la force de tête, l'énergie de l'âme ou la sensibilité morale ? [2]

1. Condorcet, *Esquisse*, p. 294.
2. *Ibid.*, p. 295-296.

On peut dès lors raisonnablement supposer que les progrès de la biologie, par la connaissance des lois de l'hérédité, permettront d'intervenir sur la transmission des caractères, comme on le faisait sans doute déjà de manière empirique, du temps de Condorcet, pour l'amélioration des espèces animales domestiques. Condorcet ne l'affirme certes pas explicitement, mais cela découle nécessairement des prémisses de sa pensée : « Les lois générales, connues ou ignorées, qui règlent les phénomènes de l'univers, sont nécessaires et constantes ; (…) par quelle raison ce principe serait-il moins vrai pour le développement des facultés intellectuelles et morales de l'homme, que pour les autres opérations de la nature ? » [1]. Si le développement réel des facultés humaines, comme tout ce qui se produit dans l'univers, obéit à des lois générales, alors il n'est pas impossible, à partir d'une connaissance de ces lois, d'entrevoir les destinées futures de l'espèce humaine et, pourquoi pas, de les orienter dans un sens que l'on aura choisi.

Pour finir, l'éducation et l'instruction, susceptibles d'éveiller, de stimuler et d'accroître les prédispositions naturelles innées (sentiments moraux et sociabilité, mémoire, attention et intelligence), parachèveront le travail matériel et organique de la médecine et de l'hérédité, et rejailliront rétroactivement sur l'organisation naturelle de l'homme : « Nous ferons voir que par un choix heureux, et des connaissances elles-mêmes, et des méthodes de les enseigner, on peut instruire la masse entière d'un peuple de tout ce que chaque homme a besoin de savoir pour l'économie domestique, pour l'administration de ses affaires, pour le libre

---

1. *Ibid.*, p. 265.

développement de son industrie et de ses facultés ; (…) et [pour] n'être étranger à aucun des sentiments élevés ou délicats qui honorent la nature humaine » [1]. L'instruction, qui développe le savoir et l'intelligence, l'éducation, qui développe le savoir-vivre et les prédispositions morales et sociales (empathie, solidarité, respect…), sont avant tout des modes de transformation *symboliques* : sans toucher directement au corps, elles affectent nos idées, nos affects et nos valeurs au moyen d'un système de signes (écriture, lecture, arithmétique…). Nous concevons des idées nouvelles, nous nous délivrons de certaines erreurs, nous acquérons des savoirs faire théoriques (lire, écrire, calculer), nous assimilons des valeurs pratiques.

> Les progrès des sciences assurent les progrès de l'art d'instruire, qui eux-mêmes accélèrent ensuite ceux des sciences ; et cette influence réciproque, dont l'action se renouvelle sans cesse, doit être placée au nombre des causes les plus actives, les plus puissantes du perfectionnement de l'espèce humaine. Aujourd'hui, un jeune homme, au sortir de nos écoles, sait, en mathématiques, au-delà de ce que Newton avait appris par de profondes études, ou découvert par son génie [2].

Les procédures de transformation humaine proprement *symboliques* sont fondées sur le langage, c'est-à-dire sur la manipulation de systèmes de signes. L'écriture, qui soulage ou renforce la mémoire et propose à l'intelligence le maniement de symboles selon des règles de calcul, l'éducation, qui module les affects et développe la sociabilité par la transmission de normes et de valeurs, l'instruction, qui enrichit l'intelligence par

1. Condorcet, *Esquisse*, p. 275.
2. *Ibid.*, p. 289-290.

la transmission de connaissances exprimées dans une langue mathématique rigoureuse, l'apprentissage, qui développe l'intelligence pratique par l'acquisition d'un savoir-faire, les institutions politiques, qui agissent sur les mœurs et, par l'institution de lois écrites, fixent les conditions de réalisation de la sociabilité développée par l'éducation : tous ces procédés sont autant de moyens institués pour développer les capacités mentales, agir sur les affects et structurer les relations sociales. En « cultivant » ainsi les potentialités humaines, l'action éducative rejaillit indirectement sur l'organisation réelle ou matérielle du corps humain : par la culture physique, elle impacte rétroactivement son organisation physique ; par l'instruction et l'apprentissage, elle agit sur son organisation cérébrale. « N'est-il pas vraisemblable que l'éducation, en perfectionnant ces qualités, *influe sur cette même organisation, la modifie et la perfectionne* » [1]. Cela découle du fait qu'il n'y a pas de capacités sans un substrat matériel (pas de faculté sans un organe qui en est le siège), et qu'une capacité humaine est d'abord une potentialité en attente d'actualisation, une prédisposition qui ne peut se développer qu'à la condition d'être stimulée et exploitée régulièrement par des exercices théoriques et pratiques.

1. *Ibid.*, p. 296.

TEXTE 2

Michael J. Sandel

L'eugénisme libéral [1]

À l'heure du génome, la rhétorique de l'eugénisme réapparaît (...). Une école influente de philosophes politiques anglo-américains en appelle à un nouvel « eugénisme libéral », expression par laquelle ils désignent des augmentations génétiques non coercitives qui ne restreignent pas l'autonomie de l'enfant. « Alors que les eugénistes autoritaires d'autrefois cherchaient à produire des citoyens issus d'un moule unique, défini de manière centralisée, écrit Nicholas Agar, « ce qui distingue l'eugénisme libéral est la neutralité de l'État ». Dans ce système, les gouvernements n'ont pas le droit de dire aux parents quel type d'enfant ils doivent avoir, et les parents n'ont le droit de manipuler le génome de leurs enfants que pour leur conférer des traits qui amélioreront leurs capacités sans pour autant influencer leur choix de vie.

(...) Le philosophe du droit R. Dworkin soutient lui aussi une version libérale de l'eugénisme. Il n'y a rien de mal à vouloir « allonger les vies des générations humaines

1. M. Sandel, *Contre la perfection*, Paris, Vrin, 2016, chapitre IV, p. 57-62.

futures et de les remplir encore plus de talent, et par là de réussites ». « Au contraire, si jouer les démiurges revient à se battre pour améliorer notre espèce, à appliquer à nos desseins conscients une volonté de progrès délibérée chez Dieu, ou aveugle dans l'évolution naturelle millénaire, alors le premier principe de l'individualisme moral exige cet effort ».

(…) Si l'eugénisme libéral est une doctrine moins dangereuse que l'ancien eugénisme, il est aussi moins idéaliste. Malgré sa sinistre démesure, le mouvement eugéniste du vingtième siècle était né du désir de faire progresser l'humanité, ou de promouvoir le bien-être collectif de sociétés entières. L'eugénisme libéral se replie sur des ambitions individuelles. Il ne s'agit pas d'un mouvement de réforme sociale, mais plutôt d'un moyen pour les parents privilégiés d'avoir le type d'enfant qu'ils veulent et de les rendre à même de réussir dans une société compétitive.

Mais en dépit de son insistance sur le choix individuel, l'eugénisme libéral implique plus de contraintes étatiques qu'il n'y paraît au premier abord. Les défenseurs de l'augmentation génétique ne voient aucune différence morale entre développer les capacités intellectuelles d'un enfant par l'éducation, et les améliorer par la manipulation génétique. Tout ce qui compte, du point de vue des eugénistes libéraux, est que ni l'éducation ni les manipulations génétiques ne violent l'autonomie de l'enfant, ou son « droit à un avenir ouvert » [1]. Tant que la capacité améliorée est un moyen « pouvant servir toutes

1. L'expression vient de J. Feinberg, « The Child's Right to an Open Future », *in* W. Aiken and H. Lafollette (dir.), *Whose Child? Children's Rights, Parental Authority, and State Power*, Totowa, NJ, Rowman and Littlefield, 1980.

sortes de fins », et qu'elle n'oriente donc pas l'enfant vers telle ou telle carrière, tel ou tel projet de vie, alors elle est moralement admissible. Cependant, si l'on tient compte du devoir qu'ont les parents de promouvoir le bien-être de leurs enfants (tout en respectant leur droit à un avenir ouvert), ce genre d'augmentation n'est plus seulement admissible mais obligatoire. De même que l'État peut exiger des parents qu'ils envoient leurs enfants à l'école, de même il peut exiger d'eux qu'ils emploient les technologies génétiques (à condition qu'elles soient sans danger) pour augmenter le QI de leur enfant. Le principal est que les capacités améliorées constituent des moyens « pouvant servir toutes sortes de fins, et qui peuvent virtuellement être utiles à la poursuite de n'importe quel projet de vie... Plus ces capacités se rapprochent de moyens utiles à toutes sortes de fins, moins il devrait y avoir d'objection à l'encouragement, voire à l'obligation imposée par l'État d'améliorer ces capacités par la manipulation génétique » [1]. (...) L'eugénisme libéral ne rejette donc pas les manipulations génétiques imposées par l'État, il exige simplement que ces manipulations respectent l'autonomie de l'enfant.

Si l'eugénisme libéral a remporté le soutien de nombreux spécialistes de philosophie morale et politique anglo-américains, il n'a pas celui du célèbre philosophe politique allemand Jürgen Habermas. (...) Sa critique du génie génétique (...) ne dépend pas d'une conception particulière du bien. Habermas s'accorde avec Rawls sur le fait que, puisque les citoyens des sociétés pluralistes modernes ne s'entendent pas sur

---

1. A. Buchanan *et al.*, *From Chance to Choice*, Cambridge, Cambridge University Press, 2001, p. 174.

les questions de morale et de religion, une société juste ne doit pas prendre parti dans ces différends mais doit plutôt donner à chaque individu la liberté de choisir et de poursuivre sa conception du bien [1]. Cependant les interventions génétiques ayant pour but de sélectionner ou d'améliorer les enfants sont inacceptables (…) parce qu'elles violent les principes libéraux d'autonomie et d'égalité. Elles violent l'autonomie parce que les individus génétiquement programmés ne peuvent se considérer comme « les auteurs sans partage de leur vie personnelle ». Et elles sapent l'égalité en détruisant « la symétrie de responsabilité qui existe par principe entre des personnes libres et égales » d'une génération à l'autre. Un aspect de cette asymétrie tient à ce que, une fois que les parents deviennent les créateurs de leurs enfants, ils endossent inévitablement une responsabilité qui ne peut pas être réciproque.

Habermas a raison de s'opposer à la procréation eugéniste, mais a tort de croire que l'argumentation contre celle-ci peut se formuler uniquement en termes libéraux. Les défenseurs de l'eugénisme libéral disent vrai lorsqu'ils expliquent que les enfants créés par manipulation génétique ne sont pas moins autonomes, quant à leurs caractéristiques génétiques, que des enfants nés naturellement. Ce n'est pas comme si, hors de toute manipulation génétique, nous pouvions choisir nous-mêmes notre héritage génétique. Quant à l'inquiétude que formule Habermas au sujet de l'égalité et de la réciprocité entre les générations, les défenseurs de l'eugénisme libéral peuvent lui répondre que cette inquiétude, bien que légitime, ne concerne pas uniquement les cas de

1. J. Habermas, *L'avenir de la nature humaine*, Paris, Gallimard, 2002, Avant-Propos, p. 7.

manipulation génétique. Les parents qui forcent leur enfant à pratiquer le piano incessamment à partir de l'âge de trois ans, ou à frapper des balles de tennis du matin au soir, exercent eux aussi une forme de contrôle sur la vie de l'enfant, qui ne peut pas être réciproque. La question, insistent les libéraux, est de savoir si l'intervention parentale, qu'elle touche au patrimoine génétique ou à l'environnement de l'enfant, menace la liberté qu'a l'enfant de choisir son propre projet de vie.

L'éthique de l'autonomie et de l'égalité ne peut pas expliquer le problème moral que représente l'eugénisme. Mais Habermas avance un autre argument (…). C'est l'idée selon laquelle « On vit sa propre liberté comme étant en relation à quelque chose dont il est naturel qu'on ne puisse pas disposer ». Pour pouvoir nous penser comme des êtres libres, nous devons être capables de situer nos origines dans « un point de départ qui n'est pas non plus à notre disposition », un commencement qui vient de quelque chose « comme Dieu ou la nature » - qui n'est pas « à la disposition des *autres* personnes ».

(…) Habermas met le doigt sur quelque chose d'important (…) quand il affirme l'existence d'un lien entre la contingence du début d'une vie et la liberté de donner à sa vie une forme éthique. Pour lui, l'importance de ce lien tient à ce qu'il explique pourquoi un enfant créé par manipulation génétique est redevable et subordonné à une autre personne (les parents qui le créent) d'une manière différente de l'enfant né d'un commencement contingent et impersonnel. Mais l'idée que notre liberté est attachée à un « commencement que nous ne pouvons pas contrôler » a aussi une portée plus large : quel que soit son effet sur l'autonomie de l'enfant, le désir de bannir la contingence et de maîtriser le mystère de la naissance diminue moralement le parent qui crée son enfant par manipulation génétique et corrompt la parenté en tant que pratique sociale gouvernée par les normes de l'amour inconditionnel.

Ceci nous ramène à la notion de don. Même si la manipulation eugéniste des enfants par les parents ne porte pas atteinte à l'enfant ni le prive de son autonomie, elle est inacceptable parce qu'elle exprime et affirme une certaine attitude face au monde – une attitude de maîtrise et de domination, incapable d'apprécier le caractère donné des pouvoirs et des réussites humaines.

COMMENTAIRE

La vie humaine est une donnée naturelle sur laquelle l'homme a toujours eu une certaine latitude d'intervention, avant comme après la naissance (avortement, soins, diététique, culture physique…). En revanche, les conditions biologiques initiales de la vie humaine demeuraient hors de notre portée tant que l'individuation produite par les séquences d'ADN ne relevait que des lois de la nature (la loterie de l'hérédité). Avec le déchiffrement du génome humain, les choses sont précisément en train de changer : la source du vivant ainsi que ses composantes les plus originelles entrent désormais dans le champ d'intervention technique, au même titre que la nature extérieure. Le premier pas a été franchi avec le dépistage prénatal ou diagnostic préimplantatoire : lors des fécondations *in vitro*, on peut effectuer une analyse du génome de l'embryon pour identifier les maladies les plus fréquentes ou choisir le sexe de l'enfant. La technologie du choix germinal donne ainsi aux parents la possibilité de sélectionner et de redessiner les caractères héréditaires de leur enfant, afin d'obtenir une progéniture qui ne serait pas seulement débarrassée des maladies héréditaires, mais qui bénéficierait aussi de capacités optimales. Pourquoi cette technicisation de la vie humaine trouble-t-elle notre sens moral ? Dans quelle mesure le fait que des parents puissent choisir les caractéristiques génétiques de leur enfant est-il moralement problématique ? Tandis que Habermas soumet cette nouvelle forme d'eugénisme à une évaluation morale à partir des principes libéraux d'autonomie et d'égalité (I), Sandel s'attache à montrer que l'eugénisme libéral est au contraire tout à fait compatible avec les critères libéraux (II), mais qu'il bouleverse profondément la conception métaphysique de la nature à partir de laquelle l'humanité a jusque-là pensé le phénomène de la génération (III).

LE NOUVEL EUGÉNISME EST SUSPECT AU REGARD DE LA MORALE LIBÉRALE (HABERMAS)

L'eugénisme a d'abord été, au début du XXe siècle, une démarche étatique coercitive dont le but était d'améliorer la constitution génétique de l'humanité, soit de manière positive, en favorisant l'apparition de certains caractères, soit de manière négative, en éliminant les maladies héréditaires. Ce projet a conduit à des dérives criminelles de grand ampleur qui ont à jamais marqué notre histoire (stérilisation forcée des individus porteurs de tares, extermination de masse). Avec l'avènement des biotechnologies, l'eugénisme est devenu une démarche individuelle non coercitive qui laisse aux parents la liberté d'intervenir dans le génome des cellules germinales fécondées et le soin d'apprécier l'utilité de cette opération (apport de qualités désirables et éliminations des gènes responsables de maladies ou associés à des qualités indésirables, telles que l'obésité ou une taille insuffisante). Pour les libéraux, le spectre de l'eugénisme est écarté tant que l'amélioration des enfants demeure une initiative personnelle à l'abri de toute injonction politique extérieure. Mais cela suffit-il à rendre l'eugénisme moralement acceptable ?

Pour être compatible avec les principes du libéralisme, le nouvel eugénisme ne doit compromettre ni l'*autonomie* de la personne, en bornant *a priori* son champ d'action dans un périmètre prédéfini par d'autres personnes, ni le caractère *égalitaire* des relations interpersonnelles, en instaurant un déséquilibre entre les bénéficiaires passifs de la reconfiguration et ceux qui en ont décidé la mise en œuvre (les parents et les biotechniciens qui sont à leur service). Malheureusement, pour Habermas, ces conditions sont loin d'être remplies. Depuis que le génome peut faire l'objet de manipulations ou de reprogrammations, il faut s'attendre au pire. Car si un dessein étranger s'empare de l'équipement génétique de l'enfant à naître, cela signifie alors que les conditions biologiques initiales d'une vie humaine sont désormais entre les mains d'un tiers qui peut en disposer à sa guise. Cette intrusion met en péril l'autonomie de la personne et l'égalité des relations interindividuelles.

Considérons le premier point. Si les prémices et les contours d'une biographie, dans ses toutes premières composantes biologiques, sont irréversiblement fixés par d'autres personnes, sans aucune consultation ni négociation possibles, le sujet pourra se sentir dépossédé d'une partie de sa propre existence. Nous ne pourrons plus « nous appréhender comme les auteurs sans partage de l'histoire de notre vie et nous reconnaître comme des personnes agissant de manière autonome » [1], puisque d'autres voix s'expriment en nous. En sélectionnant les caractéristiques héréditaires de l'enfant, on construit à sa

1. J. Habermas, *L'avenir de la nature humaine*, *op. cit.*, p. 44.

place un projet d'existence; on l'oriente vers un avenir prédéterminé (carrière sportive, esthétique, intellectuelle, manuelle…). Et si les conditions biologiques, désormais choisies par les parents, circonscrivent le champ des possibles, on réduit du même coup son droit à disposer d'un avenir ouvert. De plus, si la personne prend un jour connaissance des desseins qui ont présidé à son organisation, l'ombre des parents, dont les attentes sont immenses à son égard, risque de l'accompagner toute sa vie, comme si l'injonction de suivre le chemin qu'on a tracé pour lui et la peur de décevoir les espoirs qu'on a placés en lui allaient peser sur chacune de ses décisions. La personne programmée serait alors en droit de se demander si le musicien ou l'athlète qu'elle est devenue a réalisé en toute autonomie une vie authentique, ou n'a fait que suivre un plan tout tracé.

Du même coup, l'égalité qui présidait aux relations interpersonnelles est également mise à mal. Jusqu'à présent, les « engendrants » et les « engendrés », en tant qu'êtres humains nés naturellement, pouvaient se considérer comme égaux quant à leur statut ontologique. Leur dépendance généalogique n'affectait que leur vie biologique et non leur existence humaine future : les parents transmettent la vie, et ensuite la personne en devenir construit elle-même sa propre existence dans une délicate synthèse sans cesse renégociable entre les espoirs des uns et les aspirations des autres. Avec les interventions eugénistes, il en va tout autrement : la dépendance irréversible qu'elles instaurent affecte cette fois l'existence personnelle en devenir. Entre, d'un côté, la progéniture ravalée au rang de substrat manipulable et de produit, et, d'un autre côté, les géniteurs élevés au rang de planificateur et « designer », s'instaure une subordination inédite : les enfants resteront toute leur vie durant redevables aux autres des capacités qui leur ont été attribués ; et les designers, de leur côté, endosseront à jamais la lourde responsabilité des choix opérés. Une nouvelle forme d'imputation en responsabilité apparaît : les nouvelles générations pourraient bien se tourner vers les anciennes pour leur demander des comptes : pourquoi m'avoir donné telle qualité (musicien) ? Pourquoi m'avoir refusé telle autre (athlète) ? Pourquoi avoir privilégié telle composante et négligé telle autre ? Ces reproches étaient exclus tant que le patrimoine génétique dont chacun héritait ne faisait pas l'objet d'un choix personnel : on pouvait bien regretter le sort que la loterie de l'hérédité nous avait réservé, mais il n'y avait personne à qui adresser des reproches.

L'évaluation morale de l'eugénisme libéral entreprise par Habermas est donc extrêmement sévère : les interventions génétiques bouleversent « la manière dont nous nous comprenons en tant qu'êtres vivants autonomes et égaux » [1]. Quand il s'interroge à son tour sur les incidences morales de l'eugénisme libéral, Sandel n'est pas aussi pessimiste : exprimés en termes libéraux, les reproches de Habermas sont souvent illégitimes, par contre, ils conservent toute leur pertinence quand on considère la conception métaphysique de la procréation naturelle.

---

1. J. Habermas, *L'avenir de la nature humaine*, op. cit., p. 102.

LE NOUVEL EUGÉNISME NE CONTREVIENT PAS
AUX PRINCIPES LIBÉRAUX (SANDEL)

Considérant l'incapacité des hommes à parvenir à un consensus universel quant à la question de la vie bonne, le libéralisme, à l'instar de J. S. Mill, s'en tient à une morale minimaliste fondée sur deux principes : le respect de la liberté individuelle (autonomie) et la non-nuisance (principe du tort). En clair : chacun doit être libre de faire ce qu'il veut tant qu'il ne fait de « tort » à personne. Le « tort » est défini comme un dommage matériel concret injustifié, c'est-à-dire un préjudice qui laisse des traces objectives (physiques, psychosomatiques ou comportementales) et qui n'est justifié ni par l'intérêt de celui qui le subit (amputation), ni par l'intérêt supérieur de la communauté (mise hors d'état de nuire d'un individu dangereux). Le premier principe de liberté individuelle est conditionné ou limité par le second principe de non-nuisance : la liberté individuelle s'étend partout où l'agent n'inflige aucun « tort » à autrui et s'arrête donc là où les autres commencent à pâtir de mon action (la liberté d'agiter les bras, disait en substance Karl Popper, s'arrête là où commence le nez d'autrui). Or, l'eugénisme libéral ne viole aucun de ces principes.

Il garantit tout d'abord aussi bien la liberté des parents que celle de l'enfant. Aux premiers, il accorde le droit de choisir leur progéniture sans aucune coercition étatique ; au dernier, il garantit le droit à un avenir ouvert et non prédéterminé, non seulement parce que la suppression des qualités indésirables (maladies héréditaires) dégage un horizon plus serein et plus large, mais aussi et surtout parce que les qualités désirables conférées à l'enfant (intelligence, mémoire, force…) sont des potentialités dont l'usage peut servir à toutes sortes de fins en laissant jouer le champ des possibles. L'avenir de l'enfant serait fermé uniquement dans l'hypothèse de « l'ancien eugénisme » : si l'enfant répondait à des intérêts collectifs, publics ou privés, l'ingénierie génétique pourrait fabriquer des êtres hyperspécialisés, à la manière d'un produit dont les fonctions et la structure sont prédéterminées. Rien de tel si le nouvel eugénisme écarte toute standardisation au nom de la liberté procréatrice : « Le développement des biotechnologies se fait dans une société qui privilégie les choix individuels : chacun est libre de décider de ce qui bénéficiera à lui et à sa descendance » [1] en dehors de tout modèle préétabli et de toute recommandation politique. La liberté de choix s'étend donc également, pour les géniteurs, au corps de l'enfant à naître. Choisir un bébé « à la carte », dépourvu de pathologies et porteur de qualités désirables, c'est précisément ce que permettra le génotypage des embryons : « Le *screening* des embryons par bio-puces arrivera dans la décennie et, au-delà des maladies, il permettra en effet de tester des aptitudes, des tempéraments, des personnalités pourvu qu'ils comportent une part génétique (…). Une personne renfermée pourra corriger ce qu'elle estime être un défaut en atténuant la timidité de sa descendance » [2]. Ce type d'intervention semble parfaitement légitime : si les parents souhaitent ardemment avoir de « meilleurs » enfants (en bonne santé et libérés des déficiences naturelles susceptibles d'entraver leur avenir), qui

---

1. *Cf.* Entretien avec le Pr Gregory Stock, disponible en ligne sur http://www.lesmutants.com
2. *Ibid.*

pourrait leur reprocher d'utiliser à cette fin les ressources technologiques?

Le nouvel eugénisme privé serait cependant condamnable si les choix accomplis au nom de la liberté individuelle pouvaient faire du *tort* à qui que ce soit. Or, l'eugénisme libéral respecte aussi le principe de non nuisance. Les parents, d'abord, n'ont plus à craindre l'action coercitive de l'État qui imposerait, en matière de procréation, des critères qualitatifs et quantitatifs. Le risque de standardisation de l'espèce humaine est écarté parce qu'un système libéral laisse le champ libre à la liberté parentale qui peut donc s'exprimer dans toute sa diversité indépendamment de tout modèle unique (artistique, intellectuel, athlétique…). L'État libéral donne également aux parents l'opportunité d'être délivré des soucis et contraintes inhérents à l'éducation d'un enfant porteur d'une maladie génétique. Les enfants sont quant à eux protégés des nuisances, non seulement parce que l'éradication des tares génétiques les met à l'abri d'un grand nombre de préjudices (maladies, inadaptation sociale, souffrance psychologique, discrimination), mais aussi parce que l'apport de qualités désirables (force, intelligence…) favorise à la fois leur épanouissement personnel et leur insertion sociale. Le principe de non nuisance interdit seulement le retrait de qualités bénéfiques et l'apport de qualités nuisibles (cette non-malfaisance, qui est la seule limite légitime à apporter à l'autonomie procréatrice, donne cependant lieu à diverses interprétations, à l'instar de ce couple de lesbiennes sourdes qui, pour mieux communiquer avec leur futur enfant dans la langue des signes, ont sélectionné un donneur de sperme approprié afin de donner volontairement naissance à un bébé atteint du même « handicap », privilégiant ainsi son insertion familiale au détriment de son insertion sociale et professionnelle). Si les biotechnologies suppriment les maladies génétiques et apportent des améliorations, elles ne font de « tort » à personne. En favorisant la liberté des parents et en améliorent les conditions biologiques des enfants, elles engendrent pour les uns et les autres un gain de liberté et de bien-être. A contrario, se priver des bénéfices technologiques, renoncer à doter ses enfants de la meilleure constitution possible, pourrait bien apparaître, sinon comme une faute morale, du moins comme une négligence. Précisons enfin qu'en améliorant l'enfant, on considère sa personne humaine, avec bienveillance, comme une fin en soi et non comme un moyen. En conférant à la personne de meilleures capacités, on diminue sa dépendance et sa vulnérabilité et on renforce son autonomie physique et intellectuelle.

Cependant, si, d'après Sandel, on ne peut condamner l'eugénisme libéral au nom de la morale libérale, il demeure bien des motifs d'inquiétudes quand on se déplace sur le terrain métaphysique. En invitant l'homme à se considérer non plus comme un simple géniteur qui transmet une vie qu'il n'a pas construite et dont il ne maîtrise ni la source ni les caractéristiques essentielles, mais comme un « planificateur » et un « designer », sinon comme un démiurge créateur, le nouvel eugénisme bouleverse l'idée que nous nous faisions jusque-là de la « natalité », c'est-à-dire du « fait que les hommes sont nés et non pas faits » [1].

> Quand ils prennent soin de la santé de leurs enfants, les parents ne se posent pas en créateurs et ne font pas des

---

1. M. Sandel, *Contre la perfection*, *op. cit.*, chapitre IV, p. 61.

enfants les produits de leur volonté ou les instruments de leurs ambitions. On ne peut pas en dire autant des parents qui paient des sommes considérables pour sélectionner le sexe de leur enfant (…) ou qui souhaitent modifier ses aptitudes intellectuelles ou sportives par la biotechnologie [1].

L'EUGÉNISME LIBÉRAL BOULEVERSE LA COMPRÉHENSION MÉTAPHYSIQUE DE LA PROCRÉATION NATURELLE (SANDEL)

La défiance des bioconservateurs à l'égard des transformations technologiques de l'homme est motivée par la sacralisation du donné naturel et la dépréciation de l'artificiel ou du fabriqué. Leurs craintes reposent sur la conviction que la nature est pure et bonne, de manière intrinsèque (elle fait toujours pour le mieux), ou extrinsèque (elle reflète la volonté et la bonté de son créateur). Dès lors, toute intervention humaine qui ne vise pas à rétablir une fonction naturelle est nécessairement préjudiciable. Cet interventionnisme est même pour certains l'usurpation d'une prérogative divine et donc la transgression d'un interdit primordial : il appartient à Dieu de créer la vie, à l'homme de la transmettre et, le cas échéant, de la réparer mais pas de la fabriquer de toutes pièces. Dans l'acte de procréation, l'homme ne *construit* pas un vivant, comme l'artisan organisant la matière selon une idée préconçue ; il transmet la vie qu'il avait lui-même reçue et qui est donc *donnée* au nouveau-né sans que celui-ci soit un produit dont l'homme a sélectionné et agencé les composantes. En tant que don de la nature ou de Dieu, la vie nous lie ainsi à une force impersonnelle

1. M. Sandel, *Contre la perfection*, *op. cit.*, chapitre III, p. 39.

et nous affranchi d'une subordination personnelle. Que la vie soit reçue au moyen d'un acte naturel et non fabriquée par une opération technique, implique d'emblée, pour le phénomène de la « natalité » une *transcendance* et un *mystère* : notre vie, nous la tenons d'une force extra-humaine qui nous précède et dont nous ignorons la source primordiale. Le caractère *donné*, *transcendant* et *mystérieux* de la vie appelle de notre part beaucoup d'*humilité* et peu de *responsabilité*. Beaucoup d'*humilité*, car nous devons accepter l'idée que nous sommes le fruit d'un processus séculaire qui nous dépasse et que nous ne maîtriserons jamais totalement. *Peu de responsabilité*, car si nous ne fabriquons pas nous-mêmes nos propres enfants, nous ne sommes responsables que de leur être, puisque nous pouvons choisir d'avoir ou pas des enfants, mais pas de leurs qualités, qui dépendent de l'association imprévisible de deux séquences chromosomiques. A la faible responsabilité des parents répond une *dette allégée* pour les enfants. Ces derniers peuvent dire à leurs ascendants : « nous vous sommes redevables de notre être mais pas de nos qualités » ; « ces dernières, c'est à la nature (ou à Dieu) que nous les devons ». Locke défend une idée analogue dans son analyse de la paternité : si le père n'a pas un droit naturel de vie ou de mort sur ses enfants, c'est qu'il ne connaît ni ne maîtrise en aucune façon la vie qu'il transmet :

> Ceux qui disent que le père donne la vie à ses enfants (…) ne se souviennent pas, comme ils le devraient, de Dieu l'auteur et le donateur de la vie (…). Comment quelqu'un peut-il donner la vie, s'il ne sait pas en quoi consiste sa propre vie ? (…) Les anatomistes avouent leur ignorance (…) de l'opération qui constitue le fait même de la vie dans son ensemble ; le rude laboureur ou

> le voluptueux, plus ignorant, montent-ils ou façonnent-
> ils une machine aussi admirable, pour ensuite y mettre
> la vie et la conscience ? Quel homme peut-il affirmer
> qu'il a formé les éléments nécessaires à la vie de son
> enfant ? [1]

C'est pourquoi le véritable « auteur et donateur de la vie humaine » n'est pas l'homme lui-même, qui en ignore la nature, mais Dieu seul.

Or, les progrès biotechnologiques ont changé la donne en mettant à notre disposition la composition primordiale du vivant humain. Le destin biologique des enfants génétiquement modifiés ne serait plus fixé par la nature et le hasard mais par les géniteurs eux-mêmes, selon des critères plus ou moins objectifs (santé, espérance de vie, ambition professionnelle, importance accordée à tel ou tel talent). La vie humaine perdrait alors une partie de son caractère de *donnée* naturelle, sa *transcendance* et son *mystère* : elle ne serait plus apportée par une force anonyme extérieure dont l'origine et les modes opératoires s'entourent d'une part de mystère ; elle deviendrait le fruit d'une opération technique transparente qui étale l'ensemble des composantes d'un matériau pour les reconfigurer selon un plan préétabli. On pourrait craindre alors que l'homme n'endosse une responsabilité démesurée. Car si les parents avaient un jour le pouvoir de créer de toutes pièces une vie humaine, ils ne seraient plus de simples géniteurs transmettant aléatoirement des caractères héréditaires en laissant à une force transcendante le soin d'opérer ; ils deviendraient de véritables créateurs ou « *designers* génétique » pleinement responsables de ce que sont leurs enfants.

---

1. Cité par B. Gilson dans Locke, *Deuxième traité du gouvernement civil*, trad. fr. par B. Gilson, Paris, Vrin, 1985, note 1, p. 117-118.

Sandel note que cette extension soudaine de la responsabilité parentale et du fardeau moral qui l'accompagne a déjà boulversé les habitudes relatives à l'usage des tests prénataux : depuis que la naissance d'un enfant souffrant de Trisomie 21 n'est plus le seul fruit du hasard et s'inscrit dans un espace de choix, beaucoup de parents se sentent jugés défavorablement par une opinion publique qui les tient souvent pour responsables des problèmes génétiques de leur progéniture.

> Les futurs parents restent libres de recourir aux tests prénataux, et d'agir une fois les résultats obtenus. Mais ils ne sont pas libres d'échapper à la responsabilité du choix créé par cette nouvelle technologie [1].

En face de géniteurs omnipotents, les enfants ne sont plus que des produits redevables, à leurs créateurs, de leur être et de leurs qualités. La relation naturelle de filiation, empreinte d'égalité, s'en trouverait profondément altérée. Elle disparaîtrait au profit d'une relation artificielle de subordination, à la fois matérielle et morale, entre un démiurge et ses artefacts, entre un designer et la matière à informer. Si le créateur, en effet, a un pouvoir de création que la créature n'a pas, alors l'égalité qui unissait jusque-là des êtres qui partageaient tous, à tour de rôle, le pouvoir d'engendrer selon des modalités naturelles, est rompue. Car s'il est vrai, comme le souligne Locke, que tous ceux qui partagent les mêmes facultés et les mêmes pouvoirs sont égaux par nature, alors créateur et créature, en vertu des pouvoirs différents qui leur reviennent, échappent à cette égalité de nature. Les rapports intergénérationnels ne seraient plus des relations personnelles égalitaires où chacun, tour à tour, reçoit la vie et la transmet ; ils

---

1. M. Sandel, *Contre la perfection*, *op. cit.*, chapitre V, p. 65.

seraient du même type que la relation rattachant un produit à son designer ou un vivant à son Dieu créateur, avec, pour l'un, une immense responsabilité et, pour l'autre, une lourde dette. Les générations antérieures dépendaient de forces transcendantes impersonnelles ; les générations futures seront subordonnées au pouvoir et au décret de tierces personnes : « Les enfants génétiquement améliorés resteraient bien entendu redevables plutôt que responsables de leurs traits génétiques, mais c'est *envers leurs parents* qu'ils seraient redevables, plutôt qu'envers la nature, le hasard ou Dieu » [1]. Et cette dette envers une puissance personnelle instaure entre les hommes procréés et les hommes procréateurs une subordination morale beaucoup plus préjudiciable que celle, somme toute naturelle et inoffensive, qui rattachait les vivants à une puissance impersonnelle (la nature, le hasard, Dieu). Car en liant de la sorte des êtres humains créateurs à d'autres êtres humains créés, elle brise l'homogénéité de leur statut et donc leur égalité, alors que la dépendance envers une force impersonnelle, répétons-le, nous affranchit de la subordination envers une autre personne. En paraphrasant la formule du *Contrat social* de Rousseau (« Chacun se donnant à tous ne se donne à personne »), on pourrait dire : si chacun s'en remet à une force supérieure impersonnelle, alors chacun ne se donne à personne en particulier. Le statut de créateur implique au contraire une responsabilité totale et un droit absolu sur la créature (à laquelle on peut non seulement accorder ou refuser la vie mais aussi – et c'est là une nouveauté – apporter ou retirer telle ou telle qualité). Dominique Folscheid fait le même constat : les technosciences donnent aux parents

---

1. M. Sandel, *Contre la perfection, op. cit.*, p. 64.

un pouvoir exorbitant, qui culmine dans la manipulation du génome du futur enfant et qui surpasse de beaucoup les prérogatives déjà confortables du *paterfamilias* romain qui avait droit de vie ou de mort sur son enfant après la naissance [1]. Dès lors, il incombe à la créature une dette démesurée envers ceux à qui elle doit son être et ses qualités, comme si « notre père » qui nous a façonné à son idée était devenu « Notre Père » tout puissant. Il y a donc bien *inégalité* entre hommes créateurs et hommes créés, en lieu et place de l'*égalité* qui régnait jusque-là entre les procréateurs et les procréés.

La leçon qu'en tire Sandel n'est pas moins sévère que le constat établi par Habermas. Renoncer à la procréation naturelle pour en appeler à l'ingénierie génétique en vue d'une amélioration, c'est refuser le donné naturel et la contingence ou l'imprévisibilité qu'il implique ; c'est nier la spécificité de la vie humaine et la valeur de la natalité (sa transcendance, son mystère et son affranchissement vis-à-vis des forces humaines).

Ce qui pose problème, ce n'est pas l'usurpation parentale de l'autonomie de l'enfant créé (car celui-ci n'a jamais choisi ses caractéristiques génétiques), mais la volonté démesurée de contrôler totalement la naissance et d'en dissiper le mystère.

> Même si cette disposition ne fait pas des parents des tyrans envers leurs enfants, elle défigure la relation qui unit le parent à l'enfant, et prive le premier de l'humilité et des vastes ressources de sympathie humaine qu'une ouverture à l'imprévisibilité permet de cultiver [2].

---

1. D. Folscheid, *Made in labo, op. cit.*, p. 62-63.
2. M. Sandel, *Contre la perfection, op. cit.*, chapitre III, p. 38.

En voulant à tout prix que l'enfant soit sans aucune réserve « leur » enfant (doté des caractéristiques qu'ils auront choisies, à l'image de leurs désirs et de leurs espoirs), en refusant qu'il soit le produit contingent et aléatoire d'un processus naturel (ou, le cas échéant, « les enfants *de* Dieu »), les procréateurs entendent devenir les maîtres d'une vie qui ne leur appartient pas. Ils témoignent ainsi d'un manque d'humilité et d'amour. D'humilité, puisqu'au lieu de s'en remettre à la nature et au hasard, ils prennent la place des forces de la nature pour prendre le contrôle de la vie d'autrui. D'amour, car au lieu d'accepter l'enfant tel que la nature (ou Dieu) l'a donné et de témoigner à son égard d'un amour inconditionnel, ils exigent qu'il soit comme ils le désirent et entendent le remodeler à leur guise, à l'instar de Dieu façonnant l'homme à son image. « Apprécier les enfants comme un don, c'est les accepter tels qu'ils sont, non pas comme des objets que nous façonnons, comme le produit de notre volonté, ou comme l'instrument de nos ambitions »[1]. Apprécier la vie comme un *don* qui nous échappe et non comme un produit que l'on fabrique, tel est l'ultime avertissement adressé par le philosophe américain à l'idéologie transhumaniste. En définitive, ce sont deux conceptions de l'amour parental qui s'opposent : d'un côté, un amour inconditionnel, humblement ouvert à l'imprévisible, qui s'adresse à l'enfant imparfait tel qu'il est nous est donné ; de l'autre côté, un amour conditionnel, qui refuse la contingence, et s'adresse à l'enfant amélioré voire parfait, tel qu'il a été fantasmé et technologiquement façonné. On aimerait pouvoir dire avec Saint Augustin : « Aime et fais ce que

---

1. M. Sandel, *Contre la perfection*, *op. cit.*, chapitre III, p. 37.

tu veux », en considérant que la modalité de l'acte de conception, dans sa simplicité naturelle ou sa très haute technicité, n'a aucune espèce d'importance s'il est inspiré par un amour désintéressé. Mais agit-on de manière désintéressée quand on demande à la technologie de produire un enfant à l'image de ses désirs et à la hauteur de ses espérances au lieu de s'en remettre à la loterie de l'hérédité ?

CONCLUSION GÉNÉRALE

À la lumière des analyses libérales et conservatrices, et considérant à la fois les espoirs attisés par les uns et les craintes exprimées par les autres, la question de la légitimité des transformations biotechnologiques de l'homme appelle une réponse en deux temps. S'agissant d'abord des transformations opérées sur soi-même (dont on est donc à la fois le demandeur ou l'initiateur et le bénéficiaire), il ressort que ce type d'intervention ne saurait être condamné si on retient des critères libéraux (les préjudices infligés à autrui sont pour la liberté individuelle la seule limite légitime ; tout ce qui ne nuit pas à autrui est permis). L'interdiction de s'améliorer soi-même, quand la chose est technologiquement possible et tant qu'elle n'est pas nuisible aux autres, serait une atteinte à la liberté individuelle, en l'occurrence au droit de disposer librement et souverainement de son corps. En outre, même si l'amélioration, aux yeux des experts, devait être préjudiciable à son destinataire, elle ne constituerait en aucun cas un « tort » à proprement parler (un dommage matériel *injustifié*) tant que le sujet a donné son consentement éclairé, assumé les risques afférents, et considéré que « le jeu en vaut la chandelle » au regard de sa conception personnelle de la vie bonne et du sens qu'il donne à une souffrance assumée (conduite masochiste, performance expérimentale artistique extrême, pénitence religieuse, volonté de se surpasser en repoussant les limites, goût du risque…). Prendre des risques pour son propre compte et assumer une part de préjudices, aussi étrange que cela puisse paraître aux yeux des autres, fait partie des prérogatives de l'agent libre (aventurier, explorateur, sportif et parfois même chercheur [1]), tant qu'il ne fait pas courir de danger aux autres. Pour les libéraux, contraindre une personne à faire quelque chose ou à s'en abstenir au motif que cela n'est pas bon pour elle, n'est pas une raison suffisante. C'est pourquoi, quand il définit la sphère de la liberté humaine, Mill prend la peine de préciser qu'elle implique la possibilité de diriger et planifier notre existence comme bon nous semble. Quand bien même notre conduite semblerait déraisonnable, dangereuse, nuisible ou totalement insensée et absurde aux yeux d'une grande partie de l'opinion publique, la liberté individuelle implique aussi, pour chacun, le droit de prendre des risques chaque fois que nous estimons que cela peut nous être utile, agréable ou nécessaire, pourvu que nous soyons les seuls à en pâtir en cas de malheur. Il y a en effet une telle pluralité dans les conceptions de la vie bonne (les uns privilégiant, par exemple, les bienfaits de la civilisation, les autres, à l'instar de Rousseau, les vertus de la vie naturelle), que nul n'a le droit, dans une attitude paternaliste, de choisir ce qui est bien pour autrui ou d'imposer aux autres sa vision du bonheur ou du devoir, et que chacun a le droit de vivre comme il l'entend tant qu'il ne fait de tort à personne. D'une manière générale, le « mal » que l'on s'inflige à soi-même (suicide, euthanasie, prise de risque, privations…) n'est

---

1. Que l'on songe par exemple au sort de Marie Curie.

pas, pour les libéraux, un « tort » tant qu'il est consenti et que l'agent lui confère une signification qui le justifie, au moins à ses propres yeux, comme pratique expiatoire, purificatrice, disciplinaire, scientifique, sportive, etc. Cette tolérance à l'égard de conduites « déviantes » ou « marginales » qui pourraient paraître étranges au sens commun, n'est pas l'apanage du libéralisme moderne, puisqu'elle était déjà prônée par Thomas d'Aquin : parce que les hommes ne sont pas tous vertueux, loin s'en faut, la loi humaine ne doit pas prohiber tous les vices – la chose serait irréaliste – « mais seulement les plus graves (…), et surtout ceux qui tournent au détriment d'autrui, sans la prohibition desquels la société humaine ne saurait se conserver » [1]. Si nous revenons à nos préoccupations contemporaines, les exemples de conduites « extrêmes » où le sujet pourrait être soupçonné de se nuire à lui-même ne manquent pas. Citons-en quelques exemples : Danielle Bradshaw, jeune athlète handicapée britannique, a préféré être amputée de sa deuxième jambe valide pour bénéficier d'un équipement semblable aux prothèses métalliques d'Oscar Pistorius. James Young, jeune homme amputé accidentellement du bras gauche, s'est fait confectionner un bras artificiel *high-tech* multifonction, inspiré d'un jeu vidéo, grâce auquel il peut recharger son Iphone et faire voler un drone. Kevin Warwick, professeur de cybernétique, n'a pas hésité à tester sur lui-même des innovations technologiques en se faisant implanter des composants électroniques destinés à augmenter ses capacités. D'abord en 1988, par l'implantation d'une puce

---

1. Thomas d'Aquin, *Somme théologique*, Ia-IIae, q. 96, a. 2, 1984, disponible en ligne : http://docteurangelique.free.fr/livresformatweb/sommes/1sommetheologique1apars.htm.

sous le coude du bras gauche, il est parvenu à commander à distance plusieurs dispositifs domotiques. Ensuite en 2002, au moyen d'une interface neuronale implantée directement dans son système nerveux et fonctionnant sur n'importe quel réseau WIFI, il a pu contrôler à distance une main robotique. K. Warwick a également expérimenté de nouveaux modes de communication au moyen d'un capteur implanté sur le bras de son épouse : quand celle-ci fermait trois fois le poing, le système nerveux de Warwick recevait trois impulsions. Le domaine des « performances » artistiques n'est pas non plus en reste, comme en témoignent les sévices physiques auto-infligés par l'activiste russe Piotr Pavlenski (lèvres cousues, scrotum cloué…) ou encore les métamorphoses chirurgicales filmées de l'artiste corporelle française Orlan [1]. Sur le terrain de l'expérimentation scientifique et artistique, on le voit, tout est permis tant que l'on ne nuit à personne d'autre que soi.

Si l'on se tourne maintenant vers les transformations imposées à autrui, telles que les manipulations génétiques, le problème n'est plus du tout le même : celui qui opère un choix et celui qui en subit les conséquences, celui qui a l'initiative d'une transformation et celui qui la subit, sont désormais des personnes différentes. Dès lors qu'il ne s'agit plus simplement d'un rapport de soi à soi que le libéralisme tient pour moralement neutre, mais d'une relation interpersonnelle plus complexe, les droits et les devoirs, tant d'un point de vue juridique que moral, prennent tout leur sens. Si mon corps m'appartient et si je suis libre d'en faire ce

1. Cf. *Encyclopédie*, Partie III, Art et Bio-corps, Art et Techno-corps.

que je veux, il n'en va pas de même, pour les mêmes raisons, du corps d'autrui, et notamment du corps de l'enfant à naître (embryon). Tant qu'elle est consentie, éclairée, dirigée sur soi, et qu'elle n'a pas d'impact négatif sur autrui, une transformation est moralement tolérable. En revanche, dès qu'elle est infligée à autrui, au moment où le destinataire n'est ni physiquement achevé, ni suffisamment psychologiquement développé pour pouvoir se prononcer à partir de tous les éléments portés à sa connaissance, la transformation ne peut plus être justifiée à partir des critères libéraux d'autonomie et de non-nuisance. Non seulement elle nie le principe de la liberté individuelle, puisqu'il est imposée sans concertation possible, mais elle n'est pas non plus sans danger, même s'il est parfois difficile d'évaluer ici les risques potentiels en termes de dommage matériel concret. Les manipulations génétiques de l'embryon sans but thérapeutique peuvent en effet entraîner des préjudices inédits, tant sur le plan psychologique que métaphysique. Le premier est la difficulté, pour la personne dont le patrimoine génétique a été intentionnellement modifié selon un dessein étranger, de se penser comme l'unique auteur autonome de sa propre vie, puisqu'une intention extérieure a présidé aux conditions biologiques de son existence, conditions dans lesquelles son champ d'action est à tout jamais circonscrit. Il y a là une réduction du droit à disposer d'un avenir ouvert, réduction d'autant plus grande que les manipulations seront nombreuses et précises, c'est-à-dire orientées vers des objectifs prédéfinis. Je ne pourrai pas être un athlète de haut niveau si mes parents ont privilégié les gènes prédisposant à l'apprentissage de la musique au détriment de ceux qui sont liés à la force et à l'endurance. Et même si les modifications apportées à l'embryon sont suffisamment générales pour laisser le champ des possibles ouvert (puisque les qualités physiques, intellectuelles et affectives, à la condition de ne pas être retirées, peuvent être exploitées dans bon nombre de domaines), le dessein parental qui a présidé à la (re)configuration du vivant accompagnera toujours la future personne comme son ombre, lui rappelant sans cesse le projet de vie et les attentes existentielles qui ont inspiré et motivé l'intervention. Le deuxième préjudice est la difficulté pour les personnes « programmées » de s'inscrire dans des relations fondées sur l'égalité et la réciprocité avec ceux qui ont eu l'initiative de la programmation, puisque le statut de créateur ou du moins de designer qui revient à l'un et celui de créature ou du moins de « produit » qui revient à l'autre instaurent une asymétrie irréversible. Celui qui a créé ou du moins dessiné un être vivant en sélectionnant ses gènes détient sur sa créature un pouvoir et une responsabilité immenses ; celui qui a été créé ou dessiné reçoit une dette gigantesque à l'égard de celui à qui il doit à la fois son être et ses qualités. Jusque-là caractérisée par des êtres qui sont tour à tour engendrés et engendrants et, à ce titre, égaux, l'humanité serait alors scindée en deux groupes hétérogènes entre lesquels droits et devoirs sont inégalement répartis : d'une part, ceux qui ont été engendrés naturellement et auxquels la société accordera le pouvoir et le droit exorbitants de créer une vie humaine artificielle ; d'autre part, ceux qui seront artificiellement créés (les Humains Génétiquement Modifiés). Non seulement ces derniers auront, dès l'origine, une dette démesurée à l'égard du designer à qui ils doivent toutes leurs qualités ; mais aussi ils seront mis en demeure de vivre, pour tout le restant de leur vie, à la lumière du dessein parental et à l'ombre des attentes qui l'accompagnent.

TABLE DES MATIÈRES

TEXTES ET COMMENTAIRES

Achevé d'imprimer en août 2021
sur les presses de
La Manufacture - Imprimeur – 52200 Langres
Tél. : (33) 325 845 892

N° imprimeur : 210820 - Dépôt légal : septembre 2021
Imprimé en France